Peter Woeckel

# The Rolling Stones
## Das Quizbuch

Peter Woeckel
The Rolling Stones – Das Quizbuch

1. Auflage 2017

ISBN 978-3-937310-98-8

Produktion: Scribo Verlag
Umschlag- und Buchgestaltung: Madeleine Stephan (www.ms-grafikdesign.com)

**Hot stuff, hot stuff,
can't get enough**

(The Rolling Stones)

# Inhalt

Seite 10 Vorwort

Seite 14 Quiz

Seite 36 Fotos

Seite 58 Quiz (Fortsetzung)

Seite 72 Antworten

Seite 80 Bildnachweise

Seite 82 Weitere Quizbücher aus dem Scribo Verlag

Seite 85 Der Autor

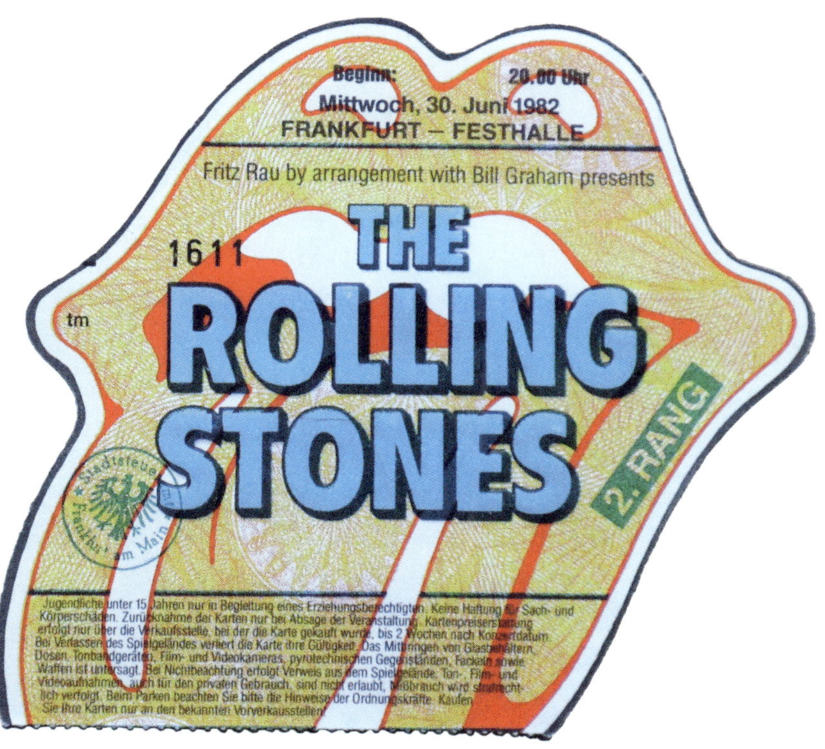


Bild 1: Jugenderinnerungen: die Eintrittskarte des Autors für das Stones-Konzert am 30. Juni 1982 in der Frankfurter Festhalle

# Vorwort

Nachdem Ende 2016 in der Kleinen Reihe des Scribo Verlages „The Beatles – das Quizbuch" veröffentlicht worden war, machte ich meine Mitmenschen auf die kurzweilige Neuerscheinung aufmerksam. Alle reagierten begeistert darauf, dass Fredrik Forsblad und ich gemeinsam das erste original deutschsprachige Quizbuch über die Fab Four vorgelegt hatten.

Sagte ich: alle? Nun ja, nicht ganz. Um der Wahrheit Genüge zu tun: Aus verschiedenen Himmelsrichtungen trugen Menschen, die ich bislang für gute Freunde gehalten hatte, die Frage an mich heran, wie um alles in der Welt ich sie mit dem Thema Beatles behelligen könne. Schließlich seien sie Fans der Rolling Stones. Damit das ein für allemal klar sei. Punkt. Aus.

Offen gestanden: Die vermeintliche Rivalität zwischen den artig-braven Beatles und den ungeschliffen-animalischen Rolling Stones hatte ich immer für einen cleveren Werbe-Schachzug gehalten – ausgebrütet von einem Manager, dem jedes Mittel recht war, seine Schützlinge ins Scheinwerferlicht zu rücken. Insofern war mir auch immer der Gedanke fremd gewesen, es könne zwei gleichsam miteinander verfeindete Musik-Lager geben, die solchen Dingen auf den Leim gehen.

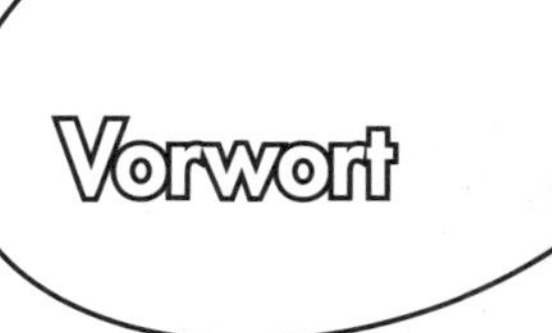


Denkste. Beatles hier, Rolling Stones da gibt es. Bis heute.

Etwas Gutes hatte meine späte Erkenntnis immerhin: Das Thema für mein nächstes Quizbuch war gefunden. Also fing ich an, Stoff über Mick, Keith, Charlie, Bill, Mick, Ron und ihre Wegbegleiter zu sammeln.

Hier ist das Resultat. Ich würde mich freuen, wenn dieses Buch wohlwollende Aufnahme beim Publikum findet. Here, There And Everywhere.

Oh, Pardon. Ich glaube, ich bin im falschen Quiz.

München, im Juni 2017

Peter Woeckel

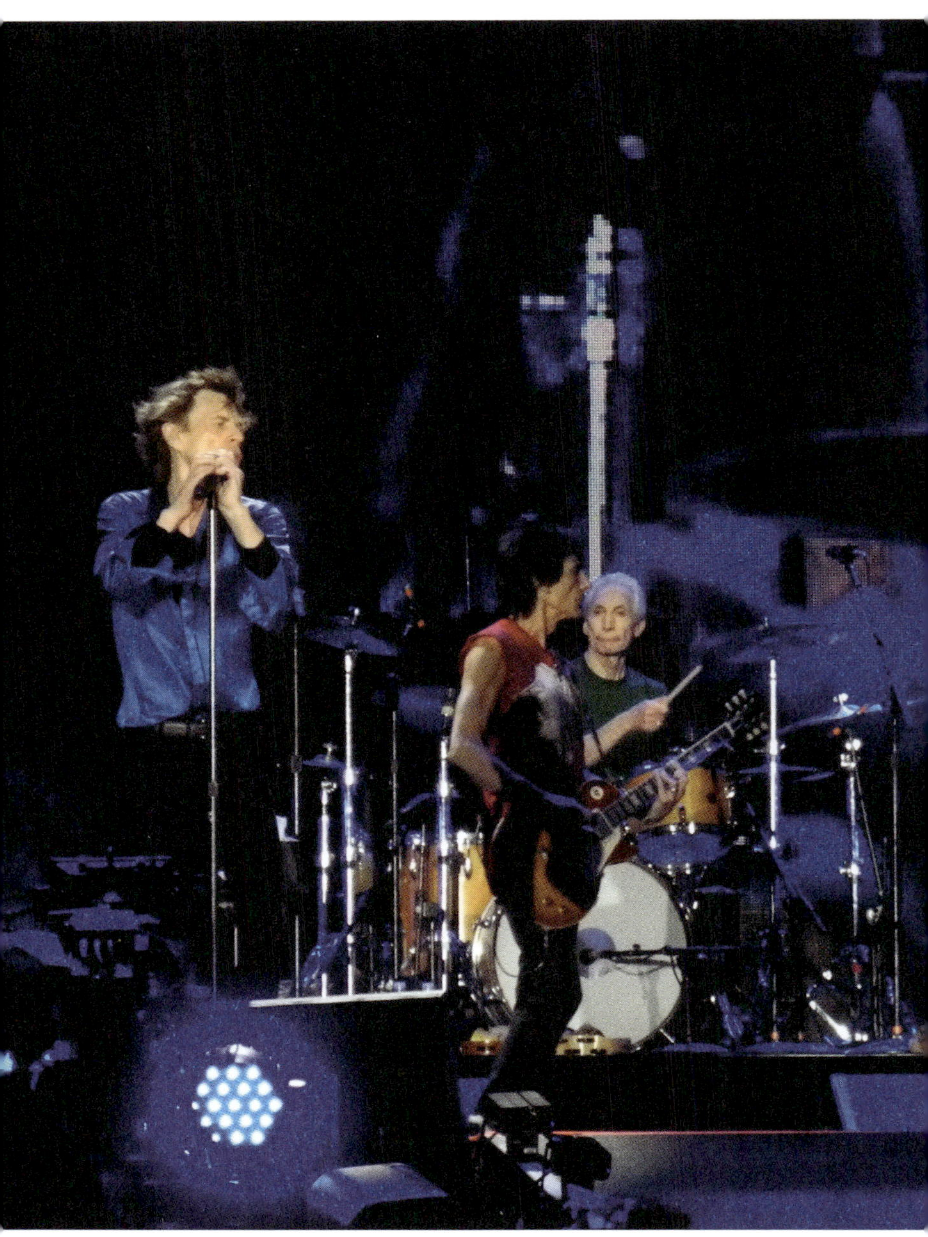

Bild 1: 50 & Counting: Die Rolling Stones im Londoner Hyde Park während ihrer Tour zum 50. Bühnenjubiläum. Links neben Keith Richards als Gast der frühere Sologitarrist Mick Taylor

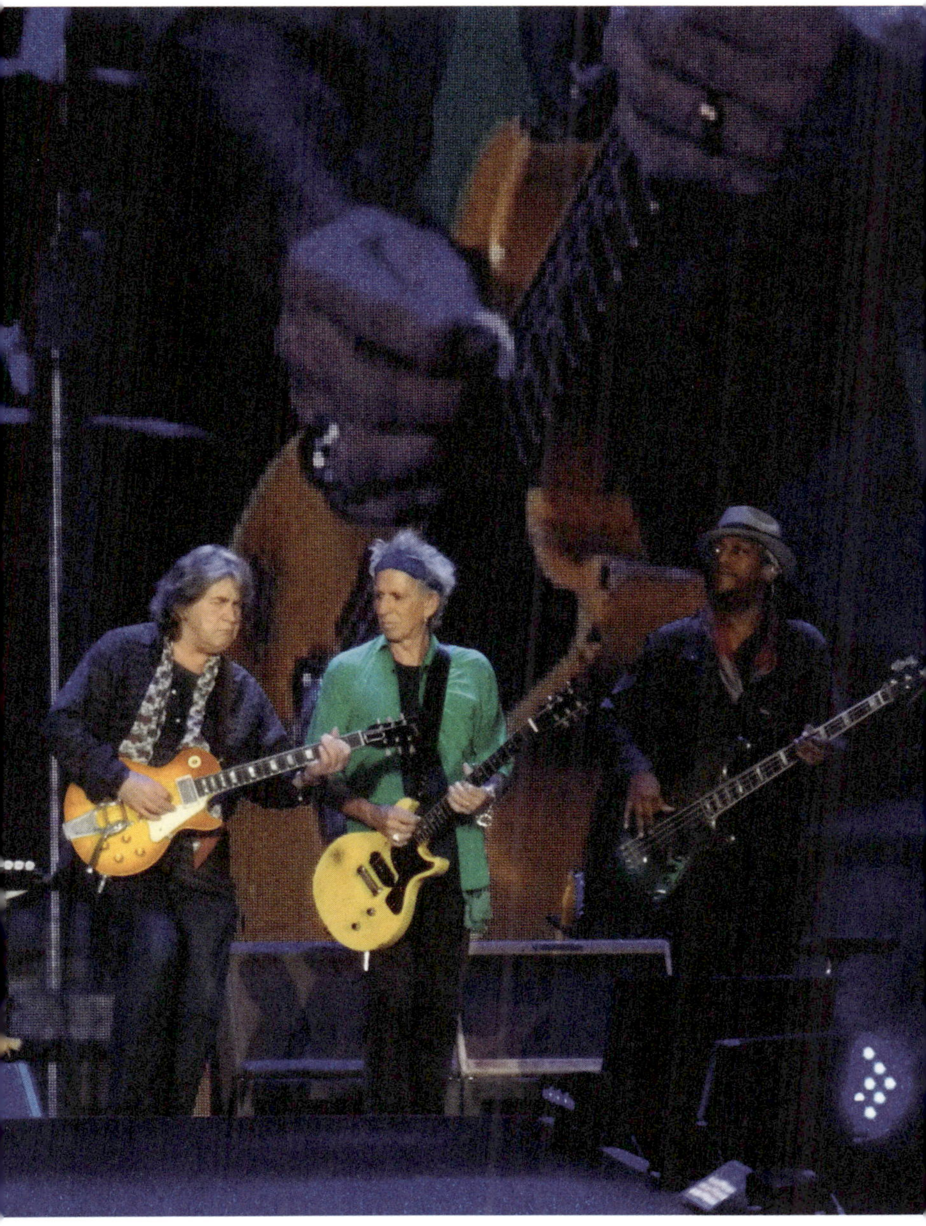

**1.** Wie heißt eine Vorläufergruppe der Rolling Stones?

- **A** **Little Boy Blue And The Blue Boys**
- **B** **Rod And The Satalites**
- **C** **Gary And The Nightlights**

**2.** Welchem Bluesmusiker verdanken die Rolling Stones ihren Bandnamen?

- **A** **Blind Lemon Jefferson**
- **B** **Muddy Waters**
- **C** **John Lee Hooker**

**3.** Mick Jagger und Keith Richards kennen sich seit Kindertagen, verlieren sich aber vorübergehend aus den Augen. Wo treffen sich die beiden Anfang der Sechzigerjahre wieder und stellen fest, dass sie gemeinsame Musikvorlieben haben?

- **A** **Reservearmee-Einheit London Officers' Training Corps (ULOTC)**
- **B** **Bahnhof ihrer Geburtsstadt Dartford**
- **C** **Londoner Musikclub Hammersmith Apollo**

**4.** Auch Stars fangen klein an. 1962 verbringen Mick Jagger, Keith Richards und Brian Jones einen eiskalten Winter in einer gemeinsamen Londoner Wohnung, in der die Heizung ausgefallen ist. Wer kennt die Adresse in Chelsea?

- **A** **Cheyne Walk 48**
- **B** **Tedworth Square 23**
- **C** **Edith Grove 102**

Das erste Konzert der Rolling Stones bestreiten im Londoner Marquee Club Mick Jagger (Gesang), Brian Jones (Gitarre), Keith Richards (Gitarre), Dick Taylor (Bass), Ian Stewart (Klavier) und – das ist strittig – Tony Chapman oder Mick Avory (Schlagzeug). Welches genaue Datum gilt als Geburtsstunde der Band?

**A** **28. Februar 1962**
**B** **12. Juli 1962**
**C** **24. Oktober 1962**

In welchem Londoner Club haben die Rolling Stones ihren ersten Auftritt in der langjährigen Formation Mick Jagger, Keith Richards, Brian Jones, Bill Wyman und Charlie Watts?

**A** **100 Club**
**B** **Crawdaddy Club**
**C** **Ealing Jazz Club**

7.

Wie nennen sich die Rolling Stones anfänglich?

**A** **The Rolling Stone**
**B** **The Rollin' Stones**
**C** **The Rock 'n' Rolling Stones**

8.

Nach seinem Ausscheiden bei den Rolling Stones ist Dick Taylor Mitgründer einer anderen berühmten Rockband. Welcher?

**A** **Pretty Things**
**B** **Moody Blues**
**C** **Procol Harum**

**9.** Alle Welt kennt ihn als Mick, aber wie heißt der Herr Jagger bürgerlich mit Vornamen?

- **A** Michael Edward
- **B** Michael Philip
- **C** Michael George

**10.** Welchen dieser Jobs übt der junge Mick Jagger nicht aus?

- **A** Kassierer im Londoner Kaufhaus Selfridge & Co.
- **B** Eisverkäufer vor der Bibliothek in Dartford
- **C** Portier in einer psychiatrischen Klinik in Bexley

**11.** An welcher Universität ist Mick Jagger für kurze Zeit eingeschrieben?

- **A** Imperial College London
- **B** London School Of Economics
- **C** University College London

**12.** Welcher Stone verbringt einen Teil seines Wehrdienstes bei der Royal Air Force auf dem niedersächsischen Fliegerhorst Oldenburg?

- **A** Brian Jones
- **B** Charlie Watts
- **C** Bill Wyman

**13.** Bill Wyman ist ein Künstlername. Wie heißt der langjährige Bassist der Rolling Stones mit bürgerlichem Namen?

- **A** William John Clifton Haley, Jr.
- **B** William Jefferson Blythe III.
- **C** William George Perks, Jr.

**14.** Wer von den Rolling Stones ist Einzelkind?

**A** Brian Jones
**B** Charlie Watts
**C** Keith Richards

**15.** Wie heißt der erste Manager der Rolling Stones?

**A** Giorgio Gomelsky
**B** Andrew Loog Oldham
**C** Allen Klein

**16.** Bei welcher Plattenfirma stehen die Rolling Stones in den ersten Jahren unter Vertrag?

**A** EMI
**B** Decca
**C** Chrysalis

**17.** Auf welchem Label werden Rolling-Stones-Platten bis 1971 in den USA veröffentlicht?

**A** London Records
**B** Bell Records
**C** Capitol Records

**18.** Die erste Single der Rolling Stones in England heißt …

**A** Not Fade Away
**B** You Better Move On
**C** Come on

**19.** Die Folgesingle der Rolling Stones stammt aus der Feder von John Lennon und Paul McCartney. Wie heißt der von den beiden Beatles geschriebene Song?

**A** Stoned
**B** Tell Me (You're Coming Back)
**C** I Wanna Be Your Man

**20.**

Welchen Platz in der englischen Hitparade schaffen die Rolling Stones mit dem Song?

**A** 1
**B** 12
**C** 37

**21.**

Wie heißt die erste Jagger-/Richards-Komposition, die als A-Seite einer Single erscheint?

**A** Tell Me (You're Coming Back)
**B** I Just Wanna Make Love To You
**C** Stoned

**22.**

Zum frühen Repertoire der Rolling Stones gehört You Better Move On. Wer hat das Lied geschrieben?

**A** Brian Holland, Lamont Dozier und Eddie Holland
**B** Arthur Alexander
**C** Ted Jarrett

**23.**

Einige frühe Songs der Rolling Stones stammen von Nanker Phelge. Wer ist das?

**A** Kommilitone von Mick Jagger an der London School Of Economics
**B** Pseudonym, hinter dem die ganze Band steckt
**C** Roadie der Gruppe

**24.**

In welchem Jahr kommen die Rolling Stones erstmals für einige Konzerte in die Bundesrepublik?

**A** 1963
**B** 1965
**C** 1967

## 25.

In welcher Stadt bejubeln die Fans das allererste Stones-Konzert in Deutschland?

**A** Hannover
**B** Saarbrücken
**C** Münster

## 26.

Wann sehen die Beatles erstmals einen Live-Auftritt der Rolling Stones?

**A** Nach ihrem mittäglichen Auftritt im Cavern Club am 22. August 1962, der von Granada TV gefilmt wird
**B** Nach ihrem dritten Auftritt in der Show Thank Your Lucky Stars am 14. April 1963
**C** Nach der Aufnahme ihres letzten BBC-Radio-Programms The Beatles Invite You To Take A Ticket To Ride am 26. Mai 1965

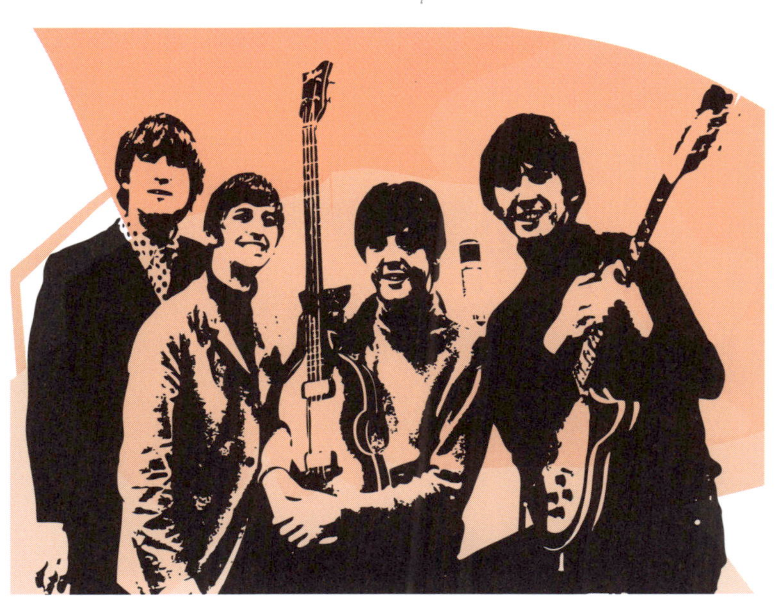

**27.** Und wo spielen die Rolling Stones an dem Tag?

- **A** Eel Pie Island Hotel
- **B** Richmond Athletics Club
- **C** Crawdaddy Club

**28.** Bei welchem Stones-Song wird Manager Andrew Loog Oldham als Mitautor genannt?

- **A** Get Off Of My Cloud
- **B** As Tears Go By
- **C** Paint It Black

**29.** Wie soll As Tears Go By ursprünglich heißen?

- **A** Evening Of the Day
- **B** As Time Goes By
- **C** Rain

**30.** Was ereignet sich bei dem Rolling-Stones-Konzert am 3. Dezember 1965 im Memorial Auditorium in Sacramento/Kalifornien?

- **A** Keith Richards bekommt einen Stromschlag und bricht bewusstlos zusammen
- **B** B Im Konzertsaal bricht ein Feuer aus, sodass der Auftritt abgebrochen werden muss
- **C** Mick Jagger wird von einem Zuhörer mit einem Messer attackiert

**31.** Im Februar 1966 singen die Rolling Stones auf ihrer neuesten Single von einem Nervenzusammenbruch. Der wievielte ist es laut Titel?

- **A** 7.
- **B** 12.
- **C** 19.

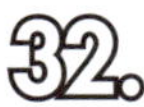

Welches ungewöhnliche Instrument verwendet Gitarrist Brian Jones bei den beiden Songs I Am Waiting und Lady Jane?

**A** Ondes Martenot
**B** Appalachian Dulcimer
**C** Pyrophon

Ursprünglich wird das Lied Paint It Black mit einem von der Plattenfirma verursachten Schreibfehler veröffentlicht. Welchem?

**A** Pain It Black
**B** Paint It, Black
**C** Paint It Back

34. 1966 erwirbt Keith Richards einen Landsitz in der englischen Grafschaft West Sussex. Wie heißt das Anwesen?

**A** Redlands
**B** Brantridge Park
**C** Chartwell Mansion

35. Bei einem ihrer insgesamt sechs Auftritte in der populären amerikanischen Ed Sullivan Show werden die Rolling Stones am 15. Januar 1967 vom Gastgeber genötigt, den Text eines Liedes zu ändern. Welche Zeile mag Ed Sullivan dem Fernsehpublikum partout nicht zumuten?

**A** (I Can't Get No) Satisfaction
**B** 19th Nervous Breakdown
**C** Let's Spend The Night Together

**36.** Im Februar 1967 durchsuchen während einer Party gleich 15 Polizeibeamte den Landsitz von Keith Richards und beschlagnahmen verschiedene „Substanzen". Mick Jagger und Keith Richards werden in erster Instanz wegen Drogenbesitzes verurteilt: Jagger zu 3 Monaten und einer Geldstrafe von 100 englischen Pfund, Richards gar zu 12 Monaten und einer Geldstrafe von 500 englischen Pfund. Welches Gefängnis lernt Mick Jagger kurzzeitig von innen kennen, ehe ein Berufungsgericht das Urteil aufhebt?

**A** **Her Majesty's Prison Brixton**
**B** **Her Majesty's Prison Thameside**
**C** **Her Majesty's Prison Pentonville**

Und wo muss Keith Richards einsitzen?

**A** **Her Majesty's Prison Belmarsh**
**B** **Her Majesty's Prison Wormwood Scrubs**
**C** **Her Majesty's Prison Wandsworth**

**38.** Was kann man zu Beginn des Stones-Songs We Love You hören?

**A** **Gefängnistür**
**B** **Regentropfen**
**C** **Polizeisirene**

**39.**

Welche Freundin von Mick Jagger kann man in dem Promo-Video von We Love You sehen?

- **A** **Chrissie Shrimpton**
- **B** **Marianne Faithfull**
- **C** **Marsha Hunt**

Welches ist die erste Langspielplatte der Rolling Stones, die sowohl in England als auch in den USA mit identischer Titelliste erscheint?

- **A** **Aftermath**
- **B** **Between The Buttons**
- **C** **Their Satanic Majesties Request**

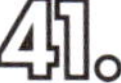


Their Satanic Majesties Request ist die erste Langspielplatte der Rolling Stones, auf der ein von Bill Wyman komponiertes und gesungenes Lied zu finden ist. Wie heißt der Song?

- **A** **Sing This All Together**
- **B** **In Another Land**
- **C** **2,000 Light Years From Home**

Was ist das Besondere an der Erstpressung des Albums Their Satanic Majesties Request?

- **A** **Das Schallplattencover ist achteckig**
- **B** **Die Platte ist in braunes Packpapier eingehüllt**
- **C** **Das Cover ist in 3D**

Michael Cooper, der Fotograf des Covers von Their Satanic Majesties Request, ist noch für ein anderes weltbekanntes Plattencover berühmt. Welches?

- **A** **Who's Next von The Who**
- **B** **Atom Heart Mother von Pink Floyd**
- **C** **Sergeant Pepper's Lonely Hearts Club Band von den Beatles**

44. Unter welchem Namen wird Their Satanic Majesties Request in Südafrika und auf den Philippinen auf den Markt gebracht?

- **A** **The Stones Are Rolling**
- **B** **In Another Land**
- **C** **Their Majesties Request**

45. Bei welchem Stones-Song singen John Lennon und Paul McCartney von den Beatles im Studio mit?

- **A** **Let's Spend The Night Together**
- **B** **We Love You**
- **C** **She's A Rainbow**

*Il sole sta per tramontar*
*Dei bimbi corrono a giocar*
*Visi che sorridono*
*Ed io son qui*
*Con le mie lacrime, così*

Und bei welchem Beatles-Song machen Mick Jagger und Keith Richards mit?

- **A** **I Am The Walrus**
- **B** **All You Need Is Love**
- **C** **Hey Jude**

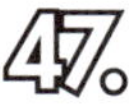

Welchen ihrer Hits nehmen die Rolling Stones auch in Italienisch auf?

- **A** **As Tears Go By**
- **B** **Under My Thumb**
- **C** **Let's Spend The Night Together**

48. Im offiziellen Promo-Video zu dem Song Jumpin' Jack Flash tragen zwei Stones eine Sonnenbrille. Welche beiden?

- **A** **Charlie Watts und Bill Wyman**
- **B** **Mick Jagger und Brian Jones**
- **C** **Keith Richards und Brian Jones**

49. Wer von den Rolling Stones und den Beatles spielt 1968 bei dem Fernseh-Special Rolling Stones Rock And Roll Circus zusammen?

- **A** **Charlie Watts und Paul McCartney**
- **B** **Mick Jagger und George Harrison**
- **C** **Keith Richards und John Lennon**

50. Die Gruppe, die durch Eric Clapton (Cream) und Mitch Mitchell (Jimi Hendrix Experience) komplettiert wird, gibt sich für den Rolling Stones Rock And Roll Circus welchen Namen?

- **A** **Rare Birds**
- **B** **The Dirty Mac**
- **C** **Once-In-A-Hundred-Years**

Welchen Song gibt die Gruppe zum Besten?

**A** Yer Blues von den Beatles
**B** Roll Over Beethoven von Chuck Berry
**C** Little Red Rooster von Willie Dixon

Als er das Angebot erhält, neuer Gitarrist der Rolling Stones zu werden, spielt Mick Taylor noch bei einer anderen Gruppe. Welcher?

**A** Jeff Beck Group
**B** John Mayall & The Bluesbreakers
**C** Spooky Tooth

Auf welcher Langspielplatte kann man Mick Taylor zum ersten Mal hören?

**A** Beggars Banquet
**B** Let It Bleed
**C** Exile On Main Street

Und auf welcher Langspielplatte ist Gründungsmitglied Brian Jones zum letzten Mal dabei?

**A** Beggars Banquet
**B** Let It Bleed
**C** Exile On Main Street

Wie kommt Brian Jones zu Tode?

**A** Er stirbt an Leberzirrhose
**B** Er nimmt eine Überdosis des Beruhigungsmittels Heminevrin
**C** Er ertrinkt in seinem Swimmingpool

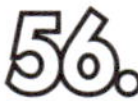

Am 5. Juli 1969 sind die Rolling Stones Headliner eines großen Freiluftkonzerts. Wo findet es statt?

**A** London, Hyde Park
**B** Edinburgh, Stadion Murrayfield
**C** Isle Of Wight

Als das Lied Gimme Shelter 1969 auf der Langspielplatte Let It Bleed veröffentlicht wird, weicht seine Schreibweise ein wenig von der heute gebräuchlichen ab. Was steht auf dem Plattencover?

**A** Give Me Shelter
**B** Gimmie Shelter
**C** Gimme Shellter

Von welcher Sängerin stammt der beeindruckende Background-Gesang von Gimme Shelter?

**A** Bonnie Bramlett
**B** Darlene Love
**C** Merry Clayton

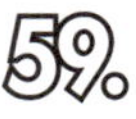

Am 6. Dezember 1969 sind die Rolling Stones beim Altamont Speedway Free Festival in Nordwestkalifornien der Top-Act. Wodurch bleibt der Event in Erinnerung?

**A** Das Festival muss wegen katastrophaler Wetterverhältnisse vorzeitig abgebrochen werden
**B** Ein Zuschauer wird von den Hell's Angels erstochen
**C** Während des Stones-Auftritts fällt mehrfach die Verstärkeranlage aus

Welchen Song spielen die Stones gerade, als das Unglück passiert?

**A** Under My Thumb
**B** Little Queenie
**C** Honky Tonk Women

61.

Ende der Sechzigerjahre legen sich die Rolling Stones ein mobiles Aufnahmestudio zu. Wie viele englische Pfund kostet sie der Spaß?

**A** 40.000
**B** 55.000
**C** 65.000

In welchem berühmten Rocksong wird das mobile Aufnahmestudio der Rolling Stones erwähnt?

**A** Smoke On The Water von Deep Purple
**B** Won't Get Fooled Again von The Who
**C** All Right Now von Free

Wo kann das mobile Studio der Rolling Stones heutzutage besichtigt werden?

**A** National Music Centre, Calgary/Kanada
**B** Science Museum, London
**C** Museum Of Science And Industry, Chicago

Welcher Musiker weckt insbesondere Keith Richards Interesse an Countrymusik?

**A** Chris Hillman
**B** Roger McGuinn
**C** Gram Parsons

Wie heißt der Landsitz, der von 1970 bis 1979 Mick Jagger gehört?

**A** **Embley Park**
**B** **Stargroves**
**C** **Broadlands**

66. Bei welchem Beatles-Lied spielt Brian Jones Altsaxophon?

**A** **Lady Madonna**
**B** **Come Together**
**C** **You Know My Name (Look Up the Number)**

67. Um ihren Plattenvertrag mit Decca zu erfüllen, liefern die Rolling Stones 1970 eine letzte Single ab: Schoolboy Blues. Unter welchem Titel ist das Lied bis heute besser bekannt?

**A** **Bugger Blues**
**B** **Cocksucker Blues**
**C** **Motherfucker Blues**

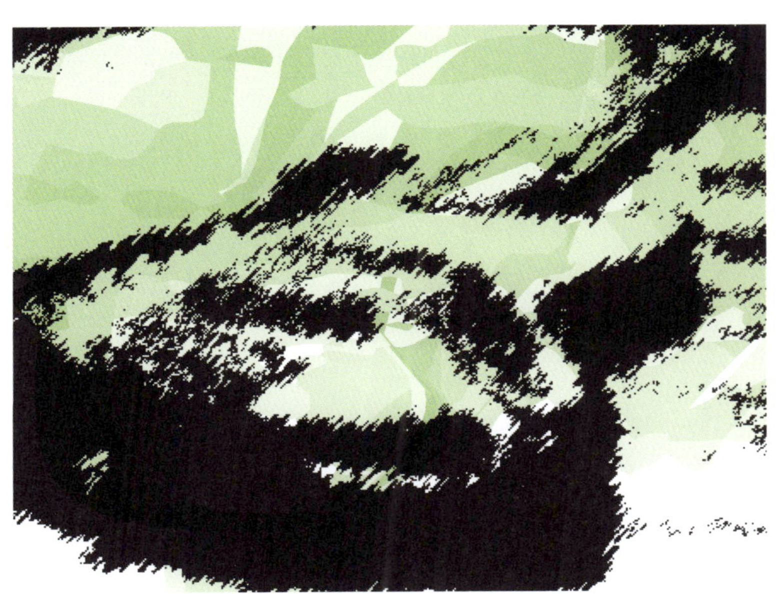

**68.** Welche Langspielplatte der Rolling Stones enthält erstmals das Zungen-Logo?

A Between The Buttons
B Let It Bleed
C Sticky Fingers

**69.** Welchem Designer verdanken wir das Logo?

A John Pasche
B Dave Bhang
C Roger Dean

**70.** In welchem Film versucht sich Mick Jagger erstmals als Schauspieler?

A Freejack – Geisel der Zukunft
B Performance
C Ned Kelly

**71.** Wer gestaltet das Plattencover von Sticky Fingers?

A Roy Lichtenstein
B Andy Warhol
C Robert Rauschenberg

**72.** Wie viele englische Pfund kassiert er dafür?

A 5.000
B 15.000
C 20.000

**73.** Aus steuerlichen Gründen verlassen die Rolling Stones Anfang 1971 England und gehen in ein anderes Land. Wohin?

A Kanada
B Frankreich
C Italien

**74.** In welchem Ort lassen sich die Rolling Stones nieder?

**A** Villefranche-sur-Mer
**B** Cagnes-sur-Mer
**C** Beaulieu-sur-Mer

**75.** Wie heißt das von Keith Richards angemietete Gebäude, in dem die Stones leben?

**A** Villa du Plageron
**B** Villa Cosy
**C** Villa Nellcôte

**76.** Wie hoch ist die Einkommensteuerquote, die die Rolling Stones zu dieser Zeit berappen müssen?

**A** 89 Prozent
**B** 93 Prozent
**C** 97 Prozent

**77.** Welcher Rolling-Stones-Song vom Doppelalbum Exile On Main Street ist aus einem Stück namens Good Time Women entstanden?

**A** Rocks Off
**B** Tumbling Dice
**C** Happy

**78.** Welche Sängerin schafft es mit einer Coverversion von Tumbling Dice in die Top 40?

**A** Emmylou Harris
**B** Linda Ronstadt
**C** Dolly Parton

**79.** Von wem handelt der Song Sweet Black Angel?

**A** Marsha Hunt
**B** Angela Davis
**C** Diana Ross

**80.** Wo nehmen die Rolling Stones ihr Album Goats Head Soup auf?

- **A** Frankreich
- **B** USA
- **C** Jamaika

**81.** Welchen Titel hat ursprünglich der Song Star Star?

- **A** Stardom
- **B** Star Trek
- **C** Starfucker

**82.** Welches ist der erste Stones-Song, bei dem Keith Richards ganz allein den Hauptgesang übernimmt?

- **A** You Got The Silver
- **B** Happy
- **C** Coming Down Again

**83.** In den Siebzigerjahren nehmen die Rolling Stones zwei Langspielplatten zum größten Teil in Deutschland auf. Welche Platte gehört nicht dazu?

- **A** Exile On Main Street
- **B** It's Only Rock 'n' Roll
- **C** Black and Blue

**84.** Wo in Deutschland nehmen die Rolling Stones ihre Alben auf?

- **A** Berlin, Hansa Studio
- **B** Stommeln bei Köln, Dierks Studios
- **C** München, Musicland Studios

**85.** Wer zeichnet verantwortlich für das Cover der Langspielplatte It's Only Rock 'n' Roll?

- **A** Hipgnosis
- **B** Jeff Koons
- **C** Guy Peellaert

**86.** Sängerin und Jagger-Freundin Marianne Faithfull muss vor Gericht ihre Miturheberschaft an einem Rolling-Stones-Song erstreiten, der jahrelang auf den Plattenetiketten nur Mick Jagger und Keith Richards zugeschrieben wird. Um welches Lied geht es?

**A** Factory Girl
**B** Sister Morphine
**C** Time Waits For No One

**87.** Wo absolviert Mick Taylor seinen letzten Liveauftritt als Mitglied der Rolling Stones?

**A** Berlin, Deutschlandhalle
**B** Wien, Stadthalle
**C** London, Empire Pool

**88.** Welcher Gitarrist nimmt zwar nach Mick Taylors Weggang Musik mit den Rolling Stones auf, lehnt es aber ab, Mitglied der Band zu werden?

**A** Roy Buchanan
**B** Peter Green
**C** Jimmy Page

**89.** Welches ist die erste Konzerttournee der Rolling Stones mit Ron Wood?

**A** European Tour 1973
**B** Tour Of The Americas, 1975
**C** Tour Of Europe, 1976

 Das Fortbestehen der Rolling Stones steht auf des Messers Schneide, als Keith Richards im Februar 1977 in einem Hotel von der Polizei gefilzt und zunächst belastet wird, 22 Gramm Heroin zum Zweck des illegalen Drogenhandels mit sich zu führen. In welcher Stadt spielt sich das Drama ab?

**A Dallas**
**B London**
**C Toronto**

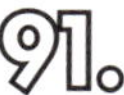 Was unterdrückt Keith Richards bis 1978?

**A Die Einsicht, eine Entziehungskur machen zu müssen**
**B Das -s an seinem Nachnamen**
**C Den Wunsch, häufiger als Leadsänger in Erscheinung zu treten**

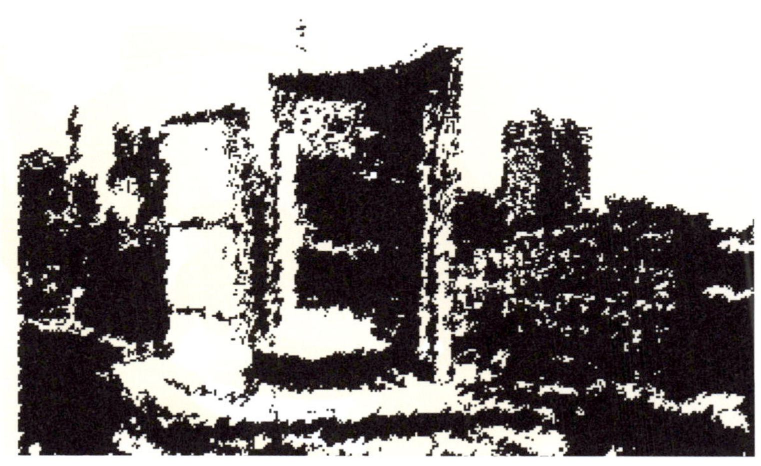

 Der Song Beast Of Burden, den die Rolling Stones 1978 auf dem Album Some Girls veröffentlichen, ist einige Jahre später ein großer Hit für …

**A** **Tina Turner**
**B** **Melissa Etheridge**
**C** **Bette Midler**

93. 1978 bringt ein 16 Jahre alter Fan aus New York erstmals ein Fan-Magazin namens Beggars Banquet heraus. Von 1984 an gilt es als offizieller Newsletter der Rolling Stones. Wie heißt der Macher des Heftes, das bis 1996 erscheint?

**A** **Oliver French**
**B** **Bill German**
**C** **Arthur English**

94. Welches ist das erste Album, das die Rolling Stones unter ihrem eigenen Label Rolling Stones Records veröffentlichen?

**A** **Sticky Fingers**
**B** **Black And Blue**
**C** **Emotional Rescue**

95. Welcher deutsche Musiker tritt mit seiner Band 1982 während einiger Deutschland-Konzerte der Rolling Stones als Vorgruppe auf und wird gnadenlos ausgebuht?

**A** **Udo Lindenberg**
**B** **Peter Maffay**
**C** **Achim Reichel**

Bild 1

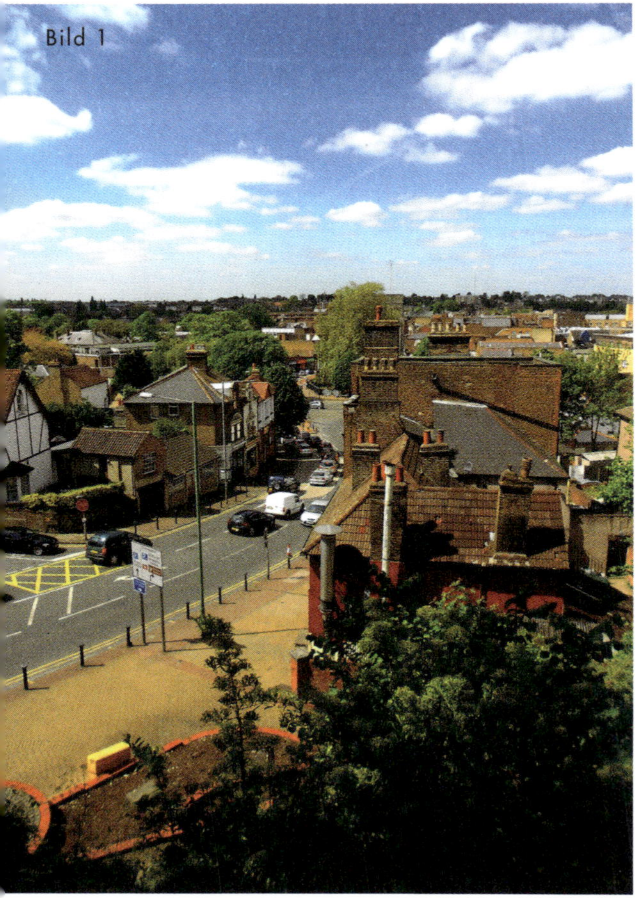

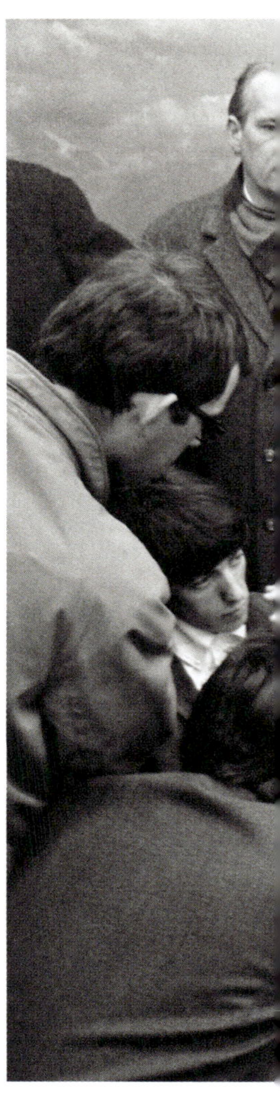

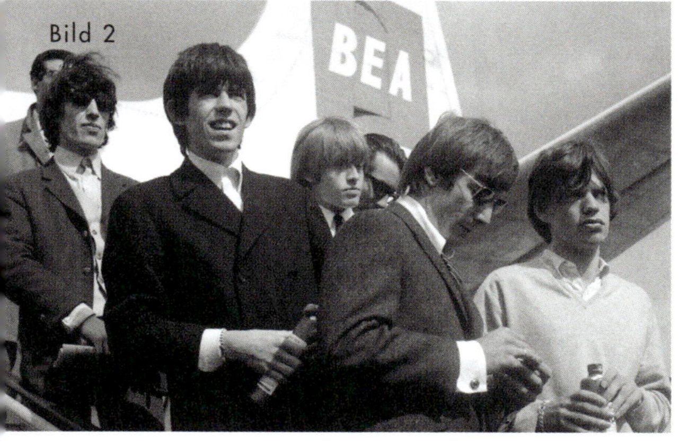

Bild 2

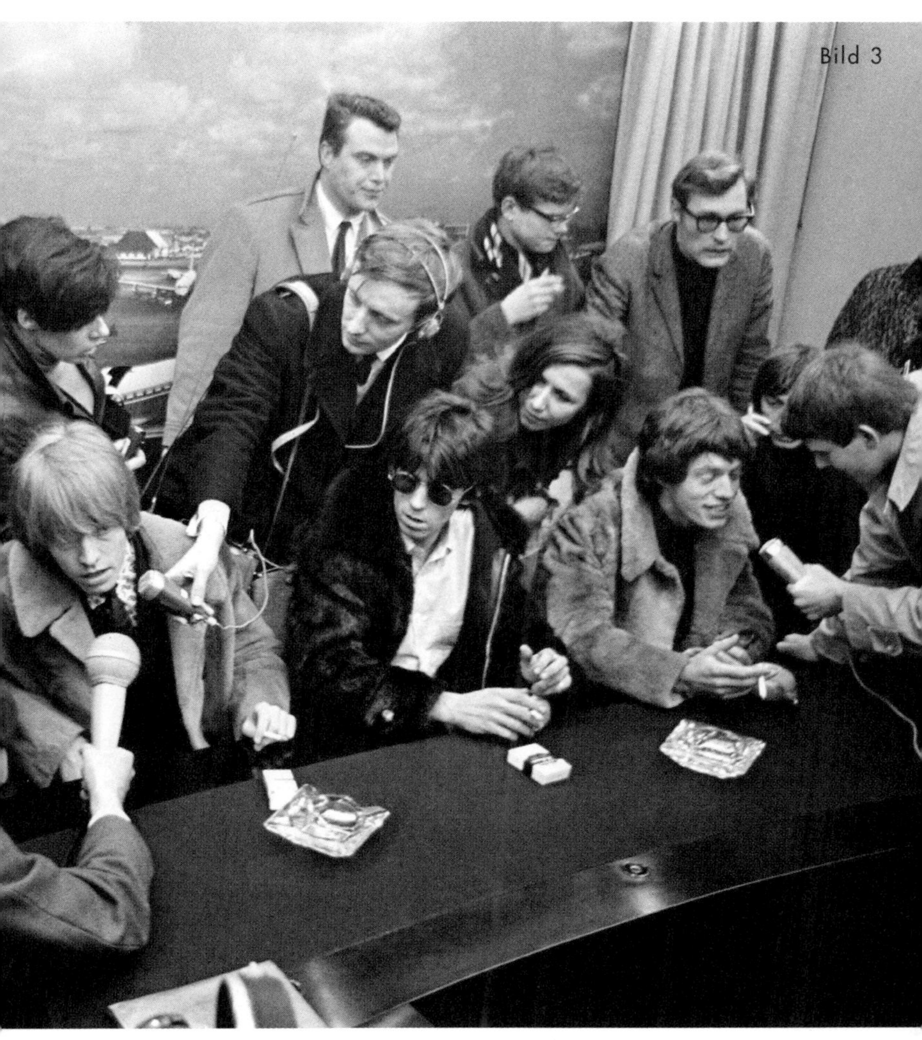


**Bild 1:** Dartford in der englischen Grafschaft Kent: Mick Jagger und Keith Richards sind 30 Kilometer südöstlich von London geboren

**Bild 2:** Das fängt ja gut an: die Rolling Stones 1964 auf dem Weg in den Kurzaal im niederländischen Seebad Scheveningen. Tumulte im Publikum sorgen dafür, dass das allererste Konzert auf dem europäischen Festland abgebrochen werden muss

**Bild 3:** Neugierige Journalisten und „die härteste Band der Welt": die Rolling Stones im Presseraum des Flughafens Amsterdam-Schiphol

Bild 1: Letzte Tournee mit Brian Jones: die Stones auf ihrer European Tour 1967 in den Houtrusthallen in Den Haag

Bild 2: Backstage in den USA: Brian Jones Mitte der Sechzigerjahre vor einem Konzert in der Georgia Southern University in Statesboro

Bild 3: Die Schweden tauen auf: Während ihrer Tour durch Europa 1966 gastieren die Stones auch in den Kungliga Tennishallen in Stockholm

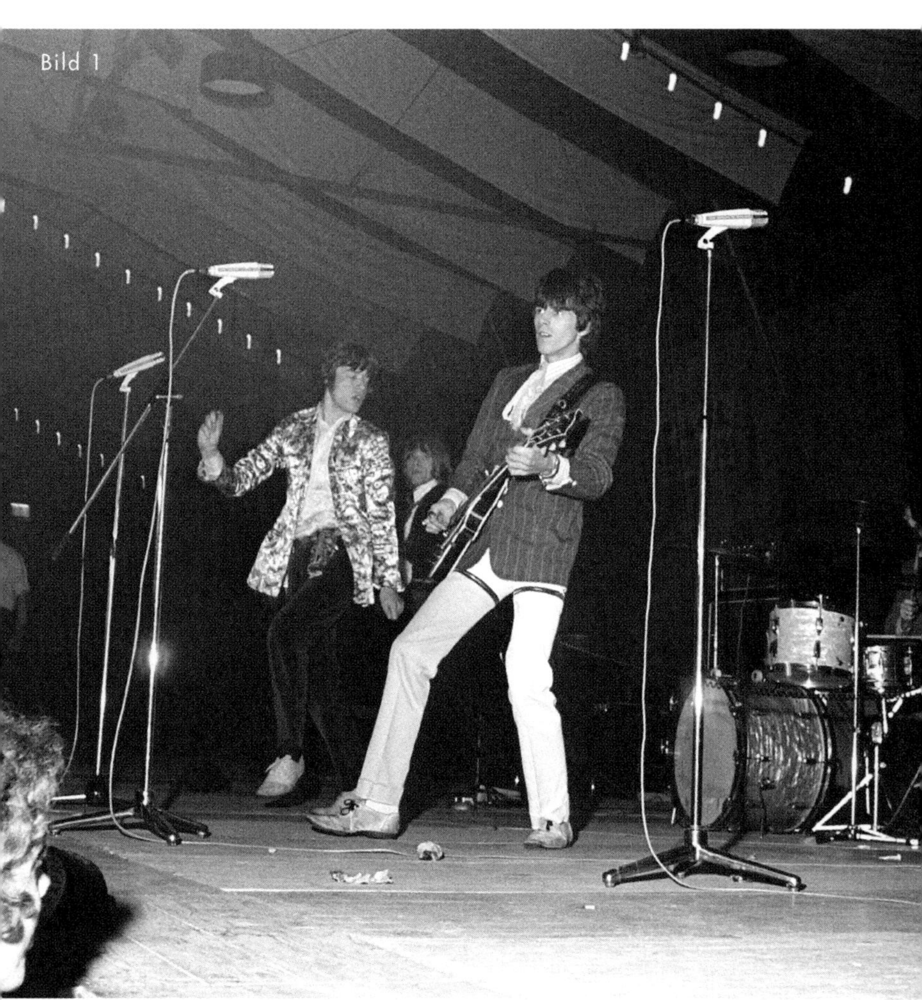
Bild 1

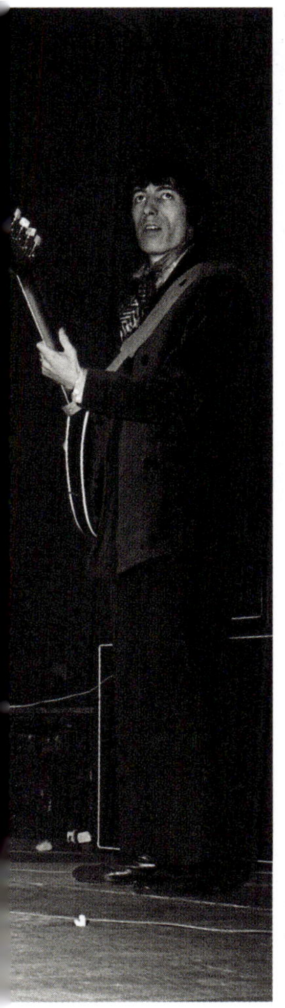

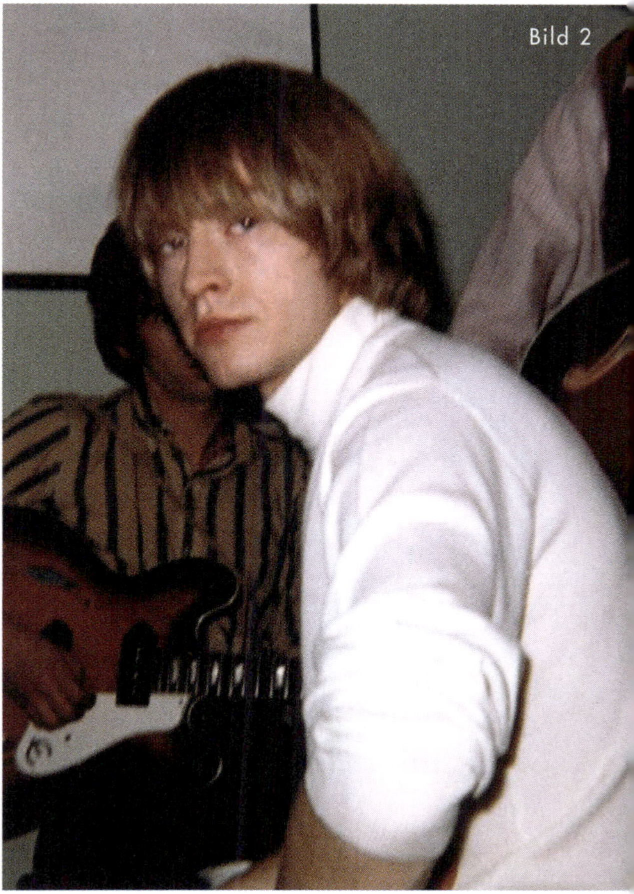

Bild 2

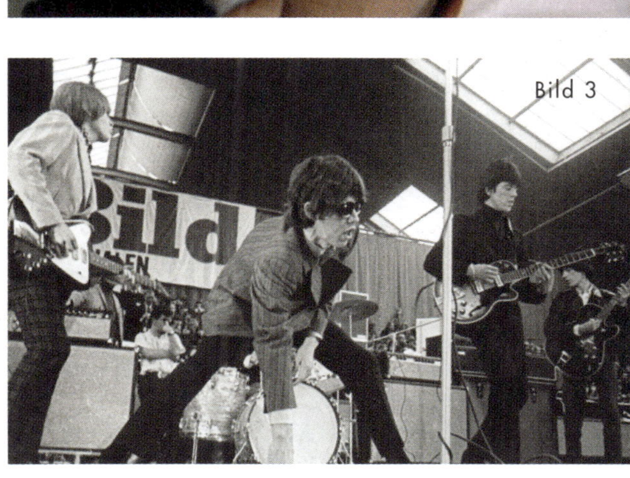

Bild 3

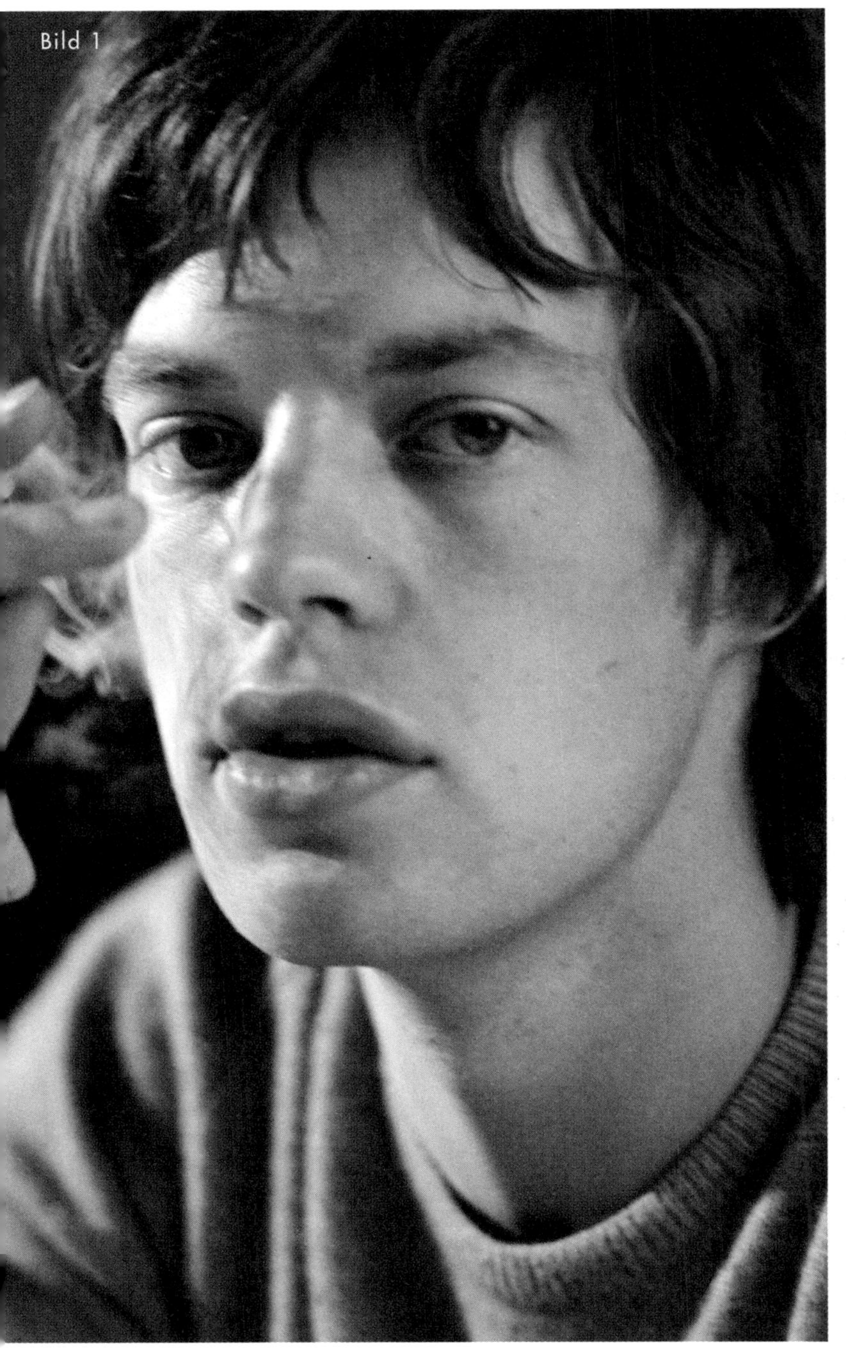
Bild 1

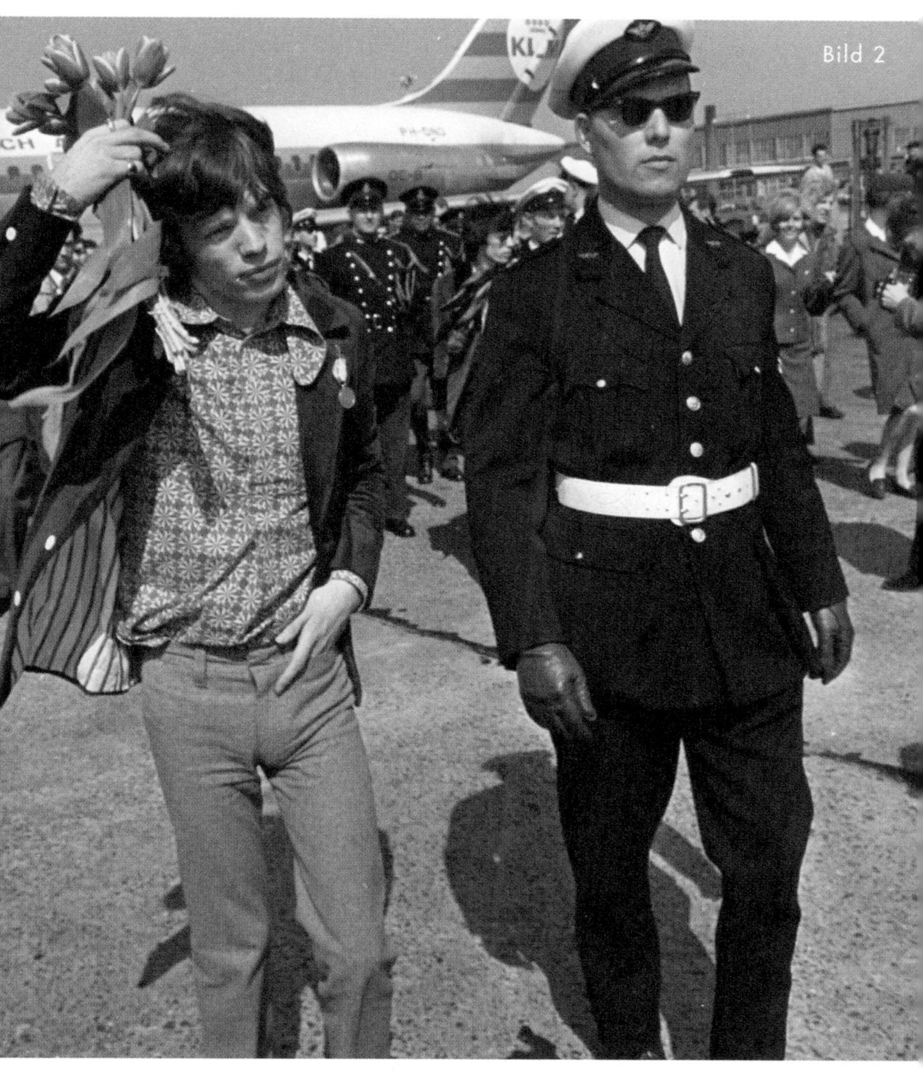


**Bild 1:** Hoch im Norden: Der 21-jährige Mick Jagger während einer Pressekonferenz im finnischen Turku

**Bild 2:** Sag's durch die Blume: Mick Jagger wird bei der Ankunft in den Niederlanden mit Tulpen willkommen geheißen

**Bild 1:** Verstärkung: an den Tasteninstrumenten im Chicago Stadium Stones-Gründungsmitglied Ian Stewart (M.) und Billy Preston (r.)

**Bild 2:** Drama, Baby: Mick Jagger im Zuiderpark in Den Haag

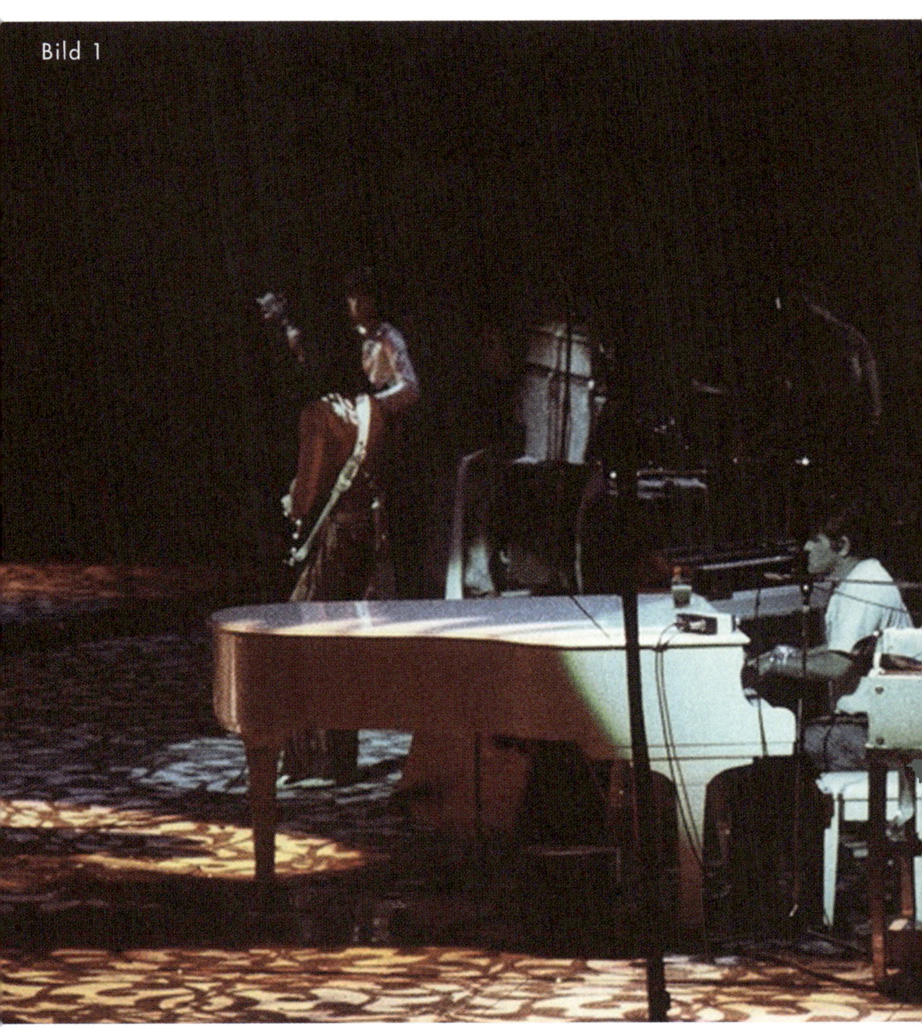
Bild 1

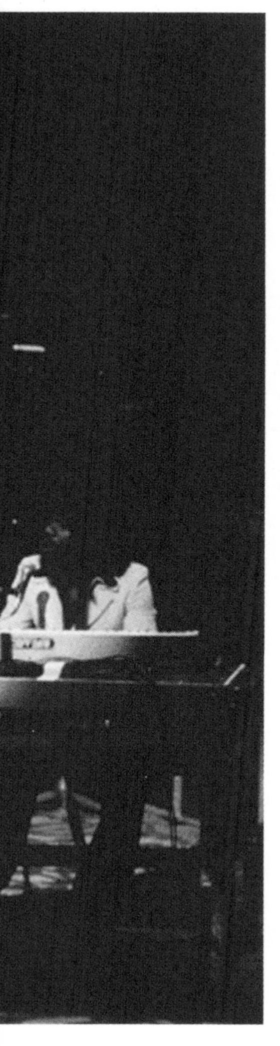

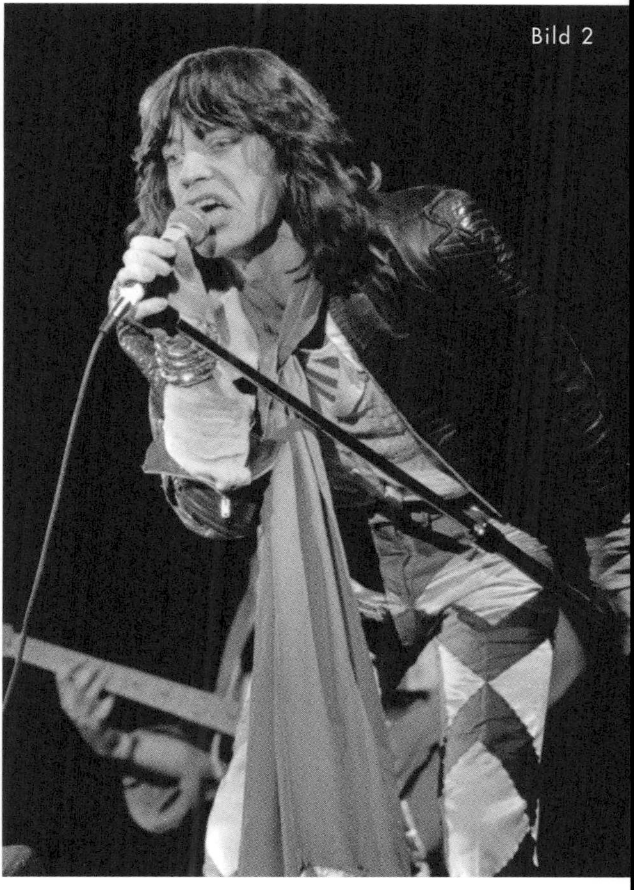

Bild 2

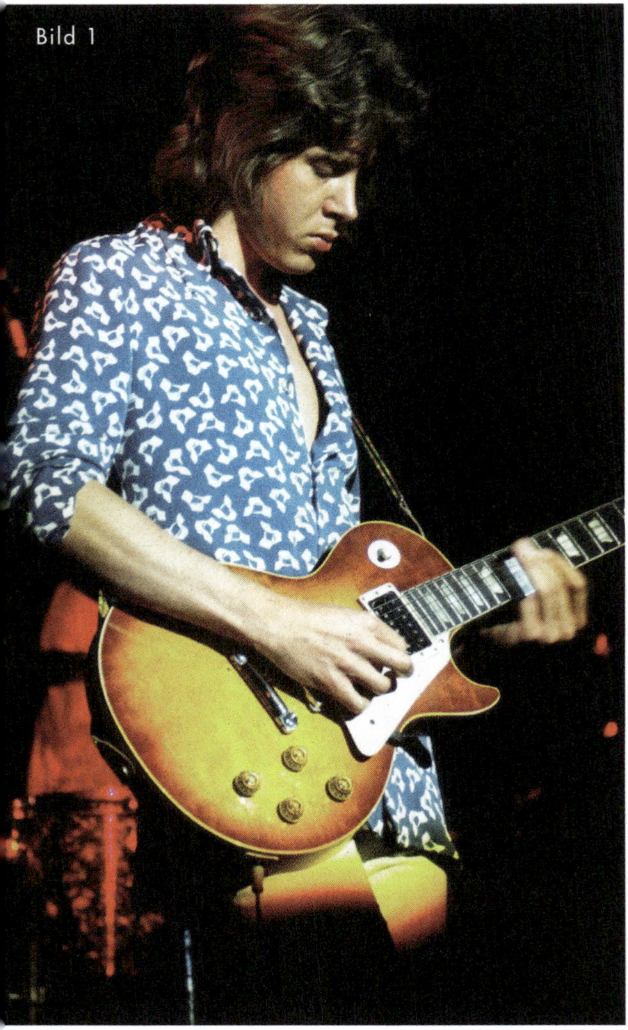

Bild 1

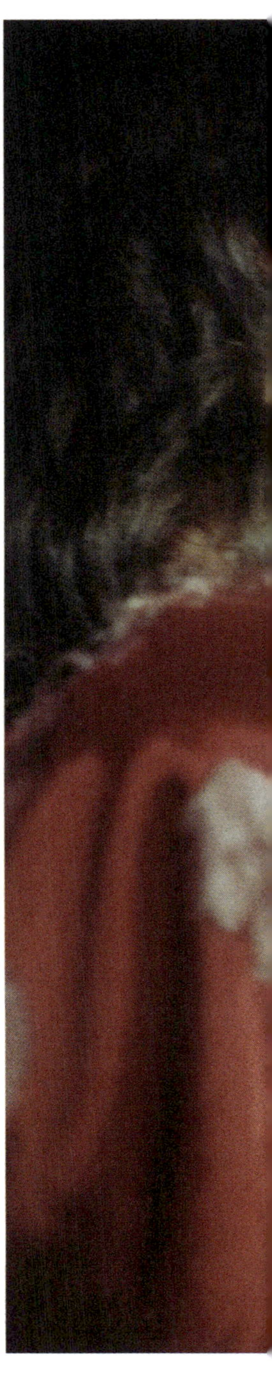

**Bild 1:** Perfekte Slide-Gitarre: Mick Taylor im Winterland Ballroom in San Francisco

**Bild 2:** Harmonisch: Mick Jagger und Keith Richards im Winterland Ballroom

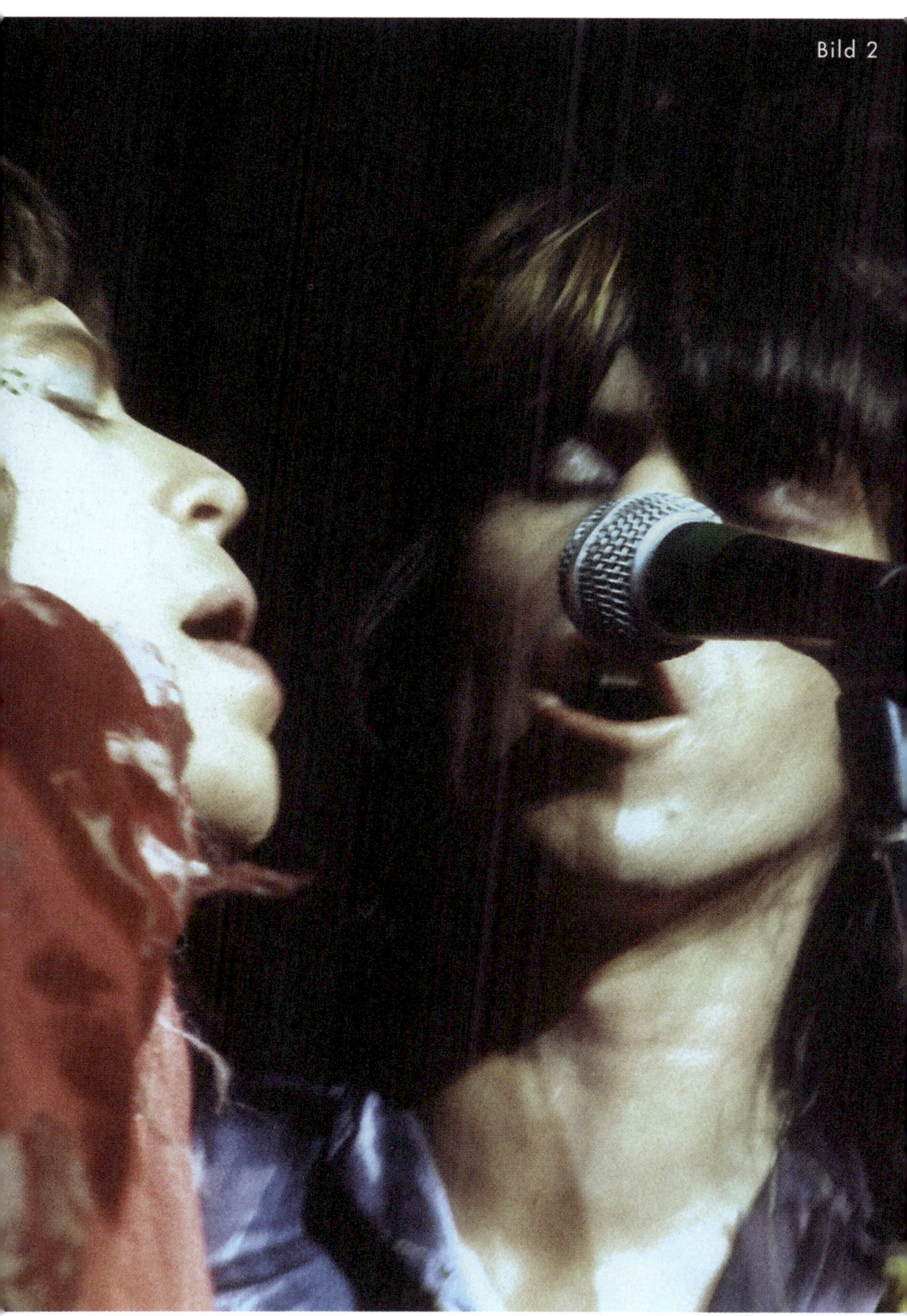
Bild 2

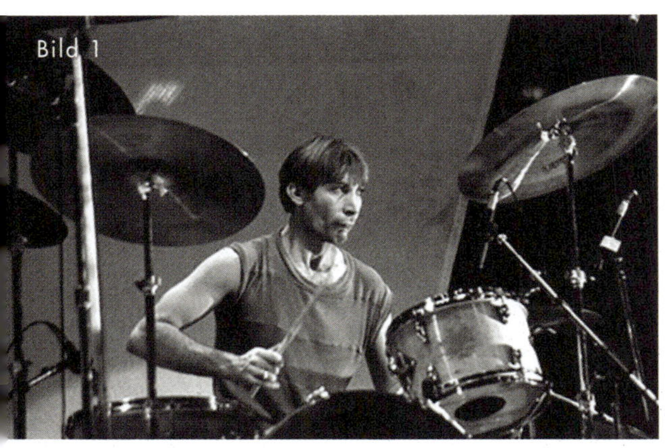
Bild 1

Bild 2

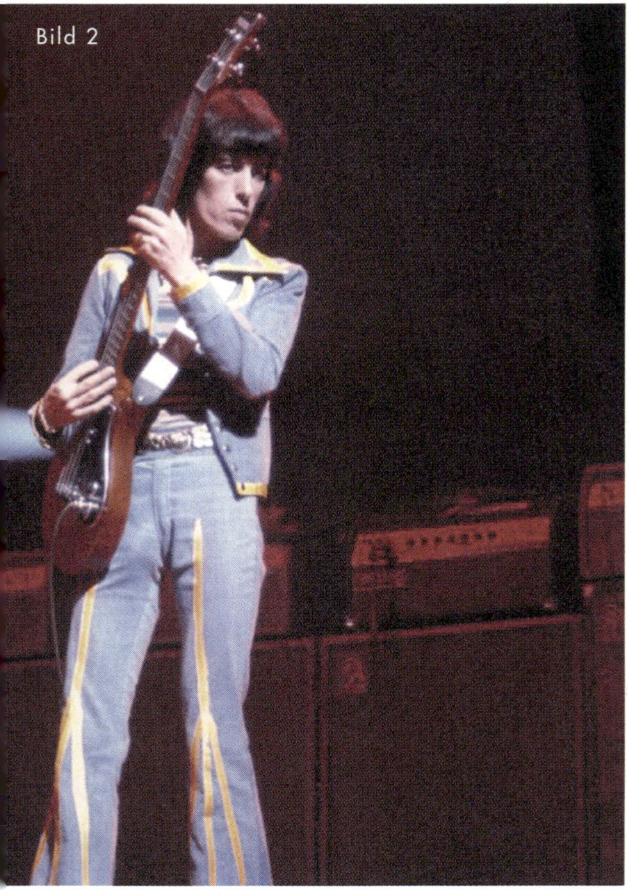

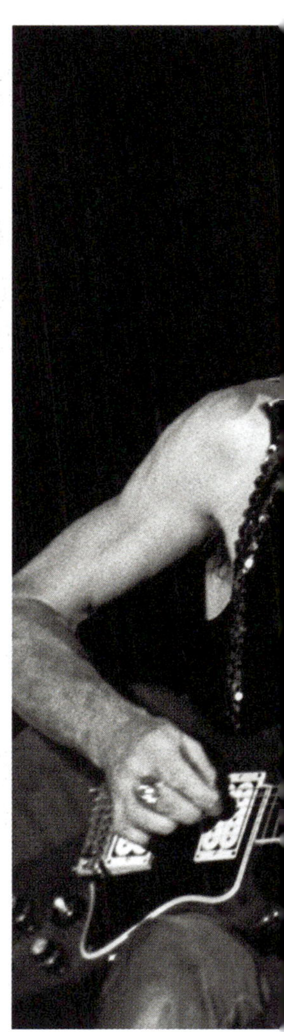

**Bild 1:** Taktvoll: Schlagzeuger Charlie Watts in der Rupp Arena in Lexington/Kentucky

**Bild 2:** Der Mann an den vier Saiten: Bassist Bill Wyman im Chicago Stadium

**Bild 3:** Blues Brothers: Keith Richards (l.) und Ron Wood während eines Gigs im Stadio Comunale in Turin

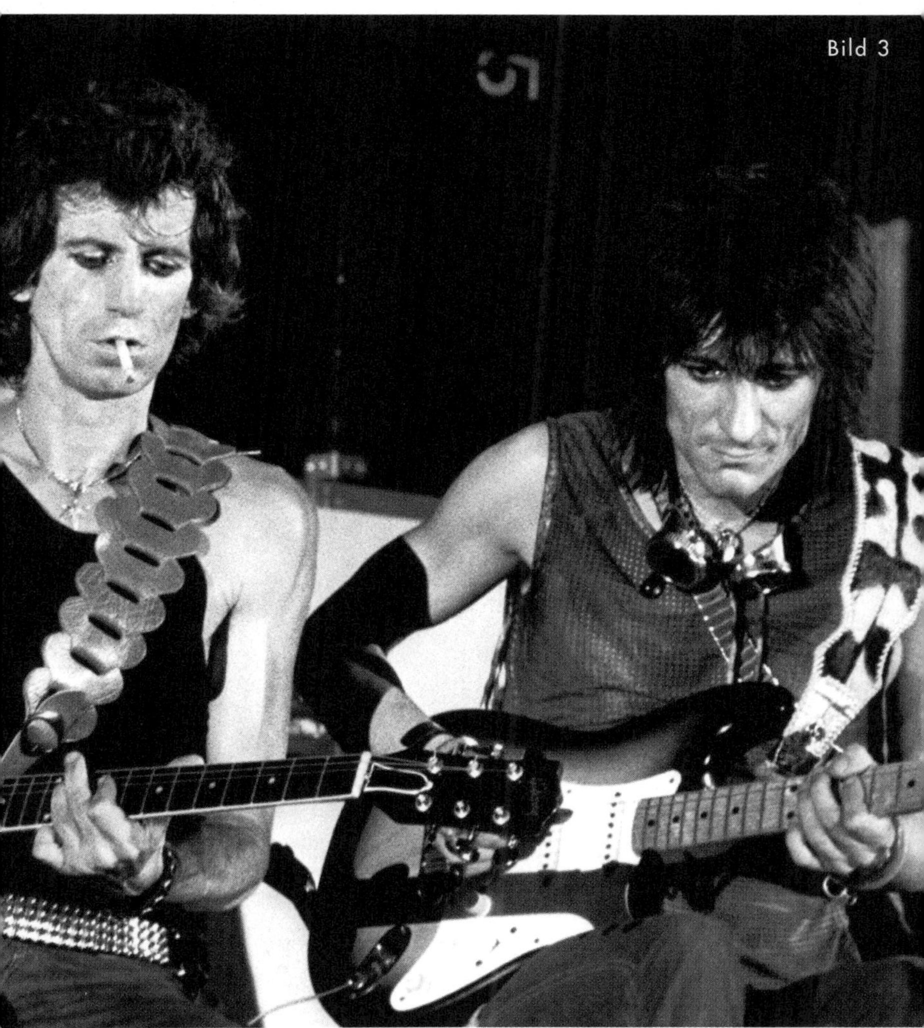
Bild 3

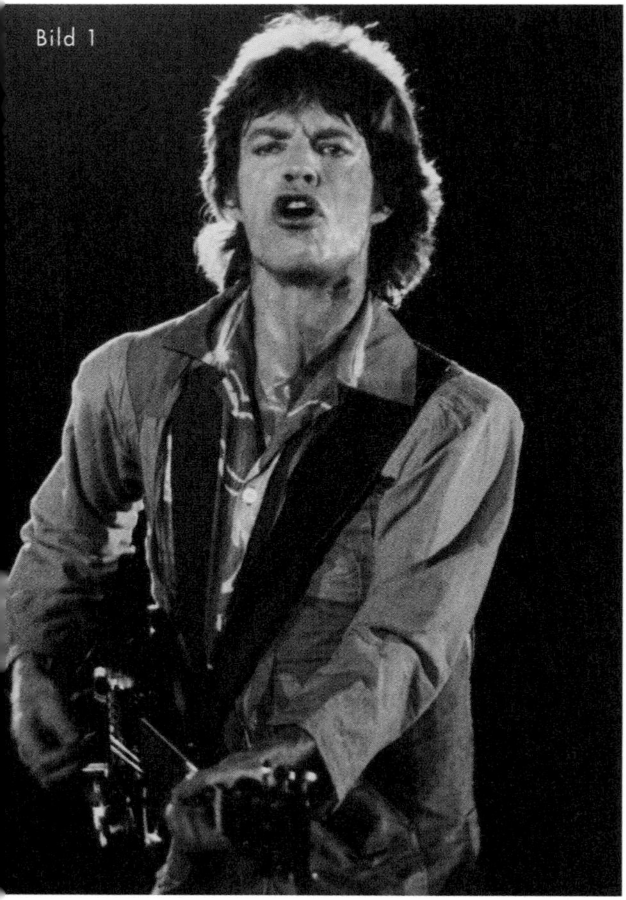

Bild 1

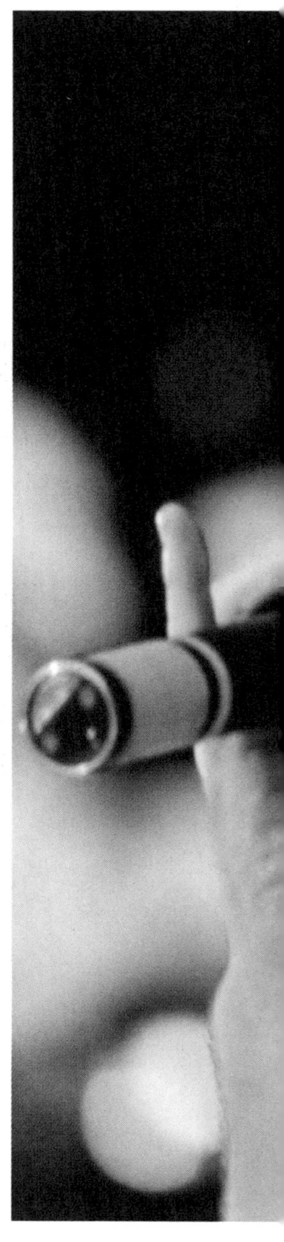

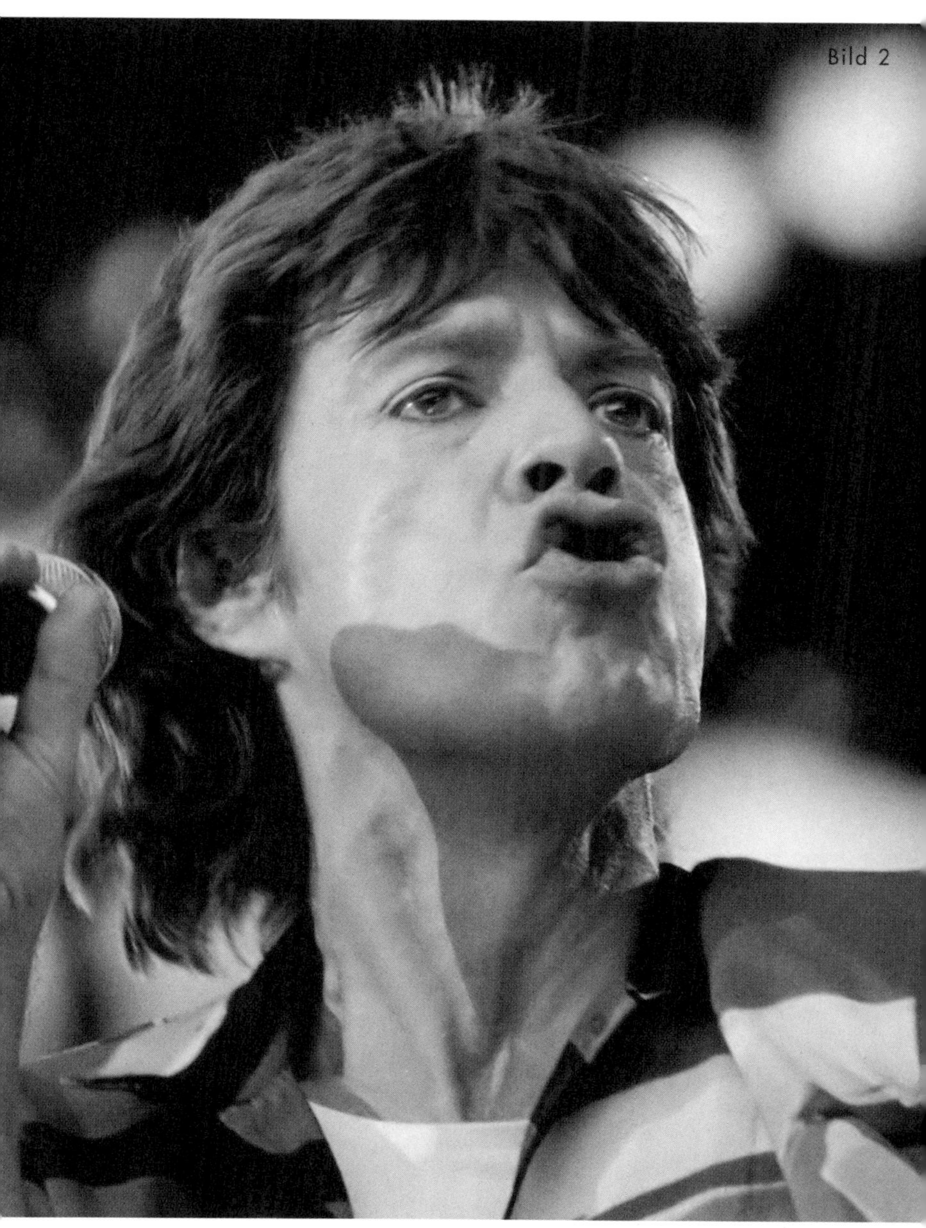


**Bild 1:** Gelegenheits-Gitarrist: Mick Jagger in Turin

**Bild 2:** Dicke Lippe: Mick Jagger im Feijenoord-Stadion in Rotterdam

**Bild 1:** Fans nennen ihn „The Human Riff": Keith Richards

**Bild 2:** Routinierte Rocker: Mick Jagger, Keith Richards und Ron Wood (v.l.)

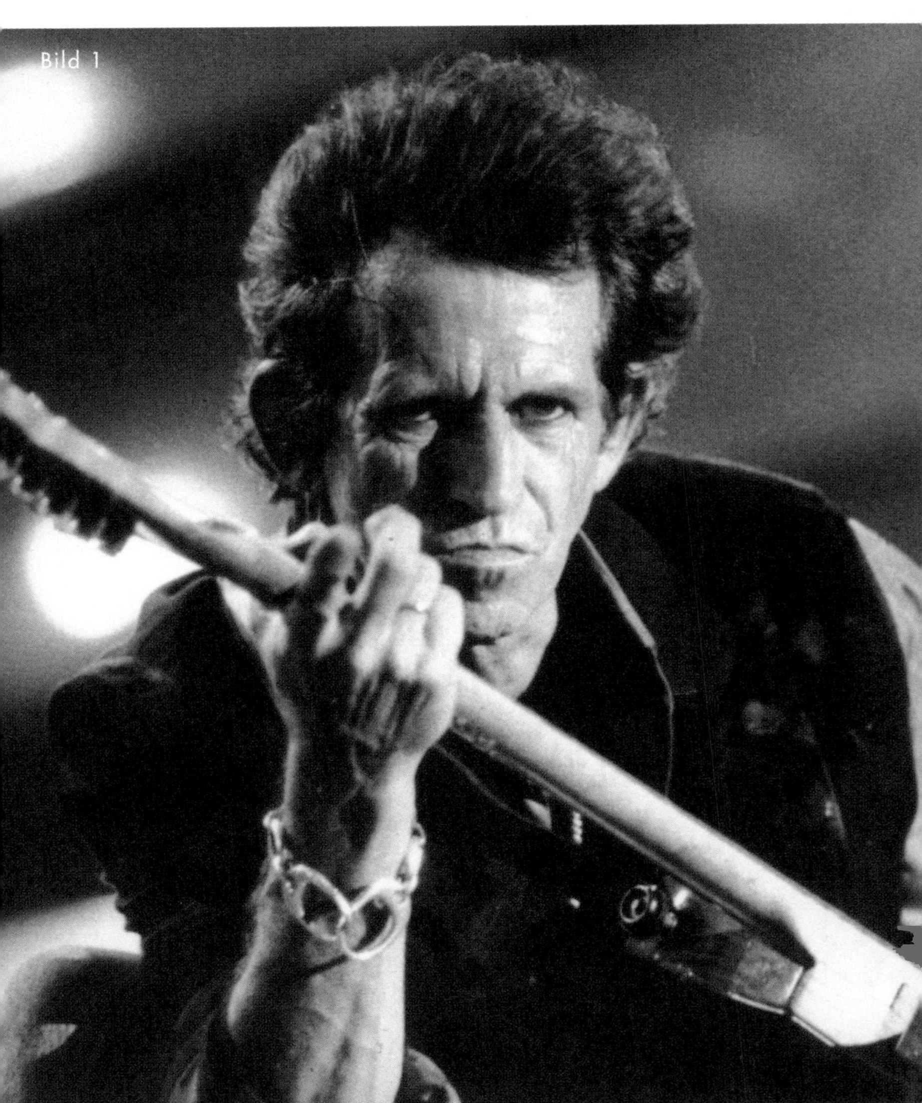
Bild 1

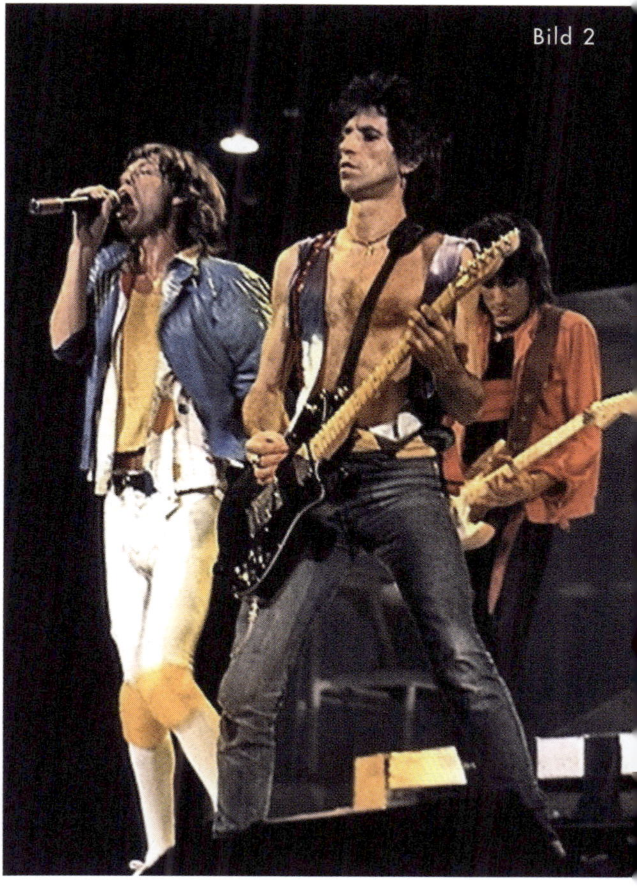

Bild 2

Bild 1

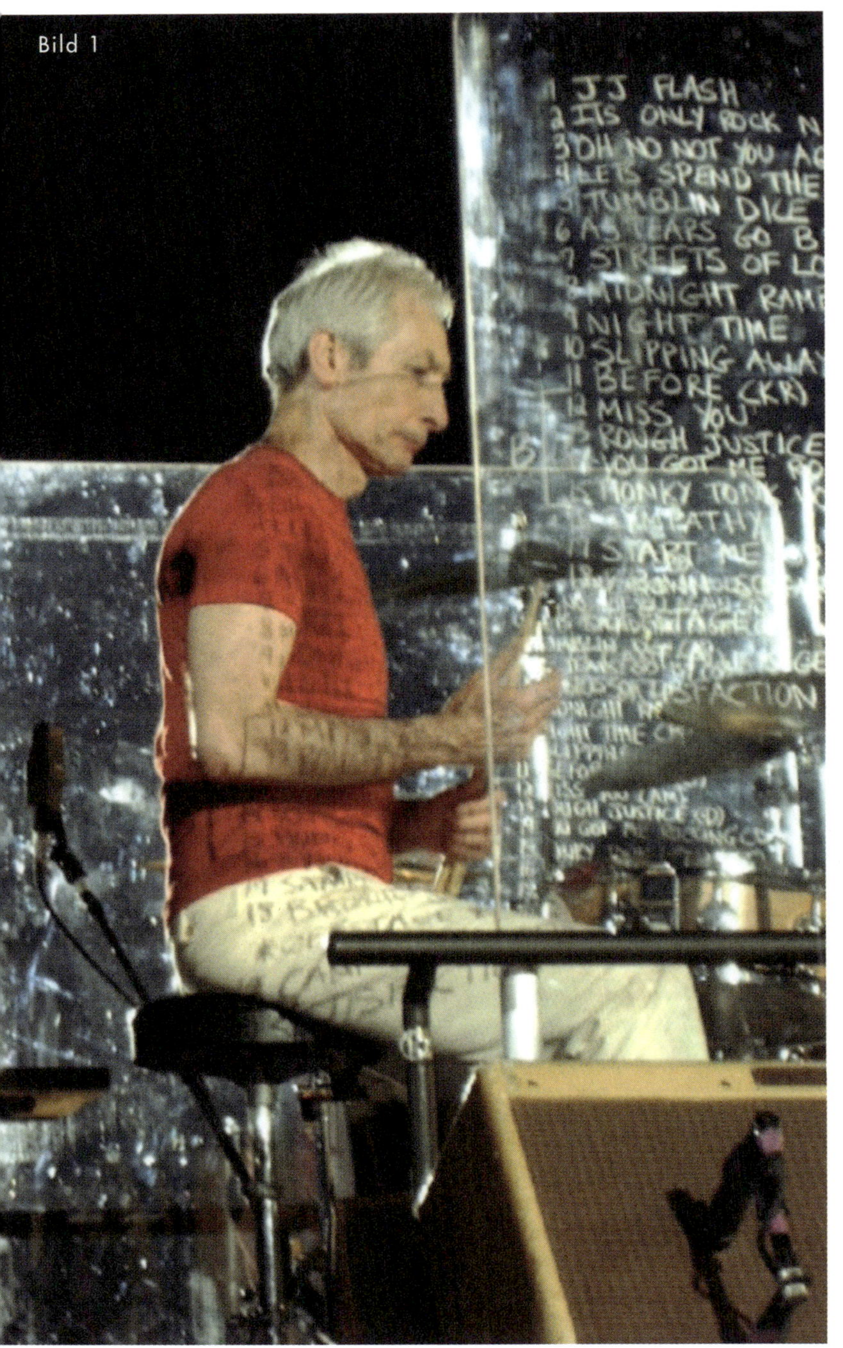
1 J J FLASH
2 ITS ONLY ROCK
3 OH NO NOT YOU
4 LETS SPEND THE
5 TUMBLIN DICE
7 STREETS OF
MIDNIGHT
NIGHT TIME
10 SLIPPING
11 BEFORE (KR)
MISS YOU
ROUGH JUSTICE
HONKY TONK
START ME

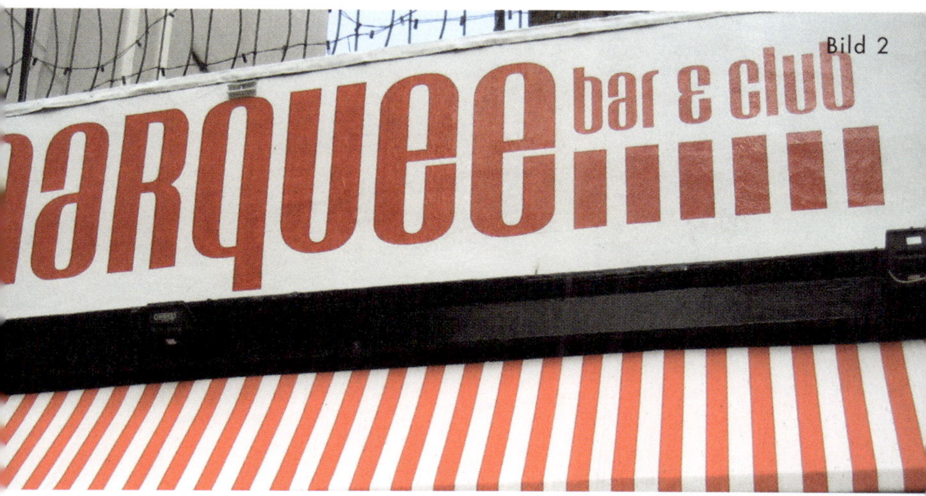


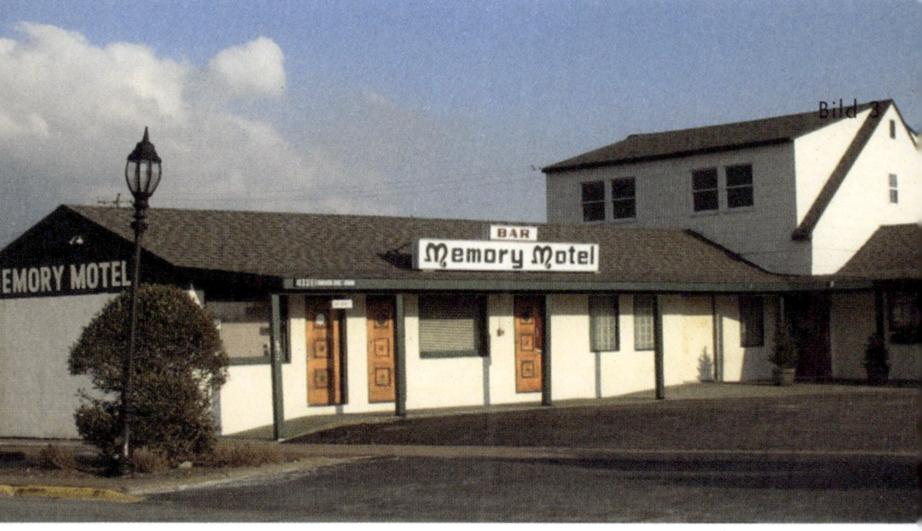


**Bild 1:** A Bigger Bang: Charlie Watts trommelt während der erfolgreichsten Stones-Tournee aller Zeiten auch in der AWD-Arena in Hannover

**Bild 2:** Schauplatz des allerersten Rolling-Stones-Konzertes: der Marquee Club in London

**Bild 3:** Inspiration für einen Song von der LP Black And Blue: das Memory Motel in Montauk im US-Bundesstaat New York

Bild 1: Galaauftritt bei den Internationalen Filmfestspielen Berlin: Charlie Watts, Ron Wood, Keith Richards und Mick Jagger (v.l.) präsentieren sich zur Weltpremiere des Konzertfilms Shine A Light

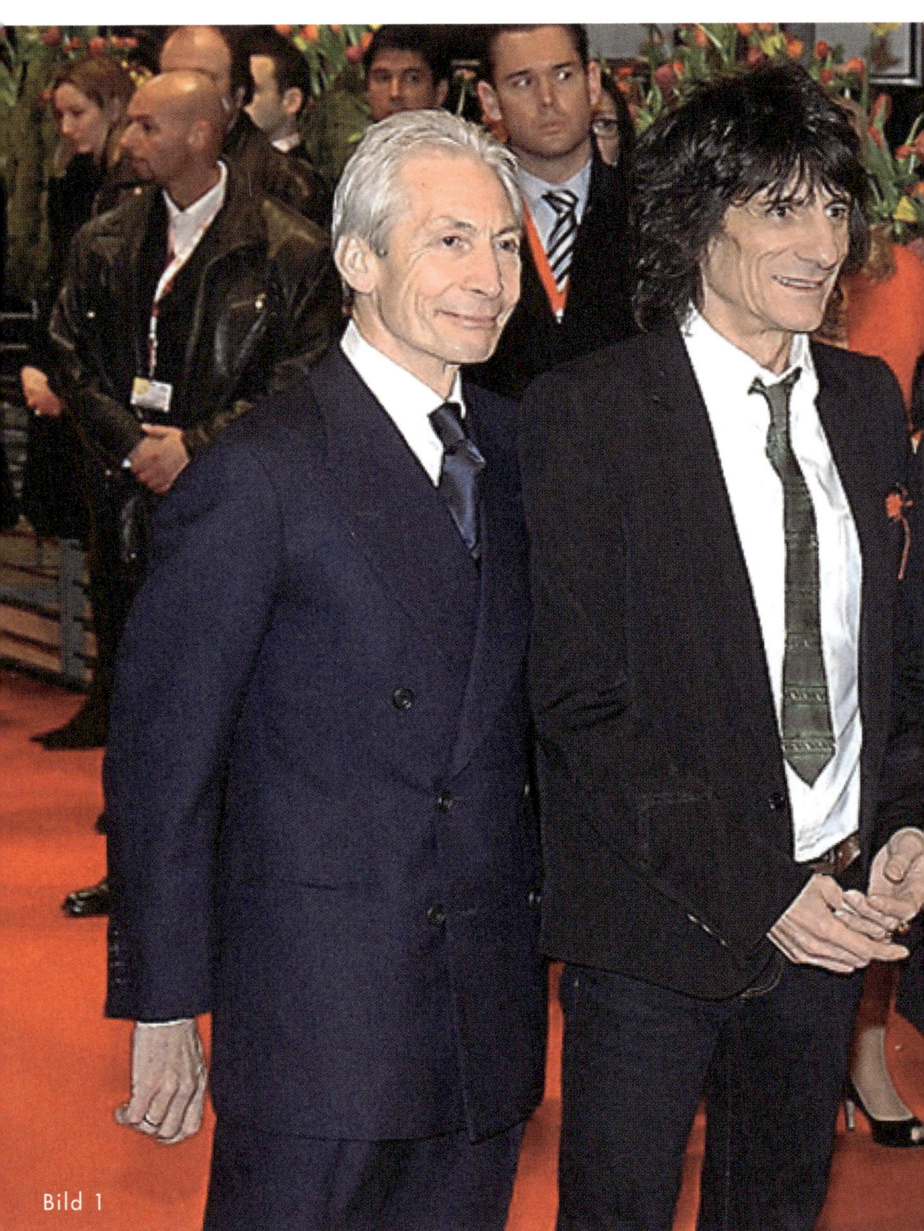
Bild 1

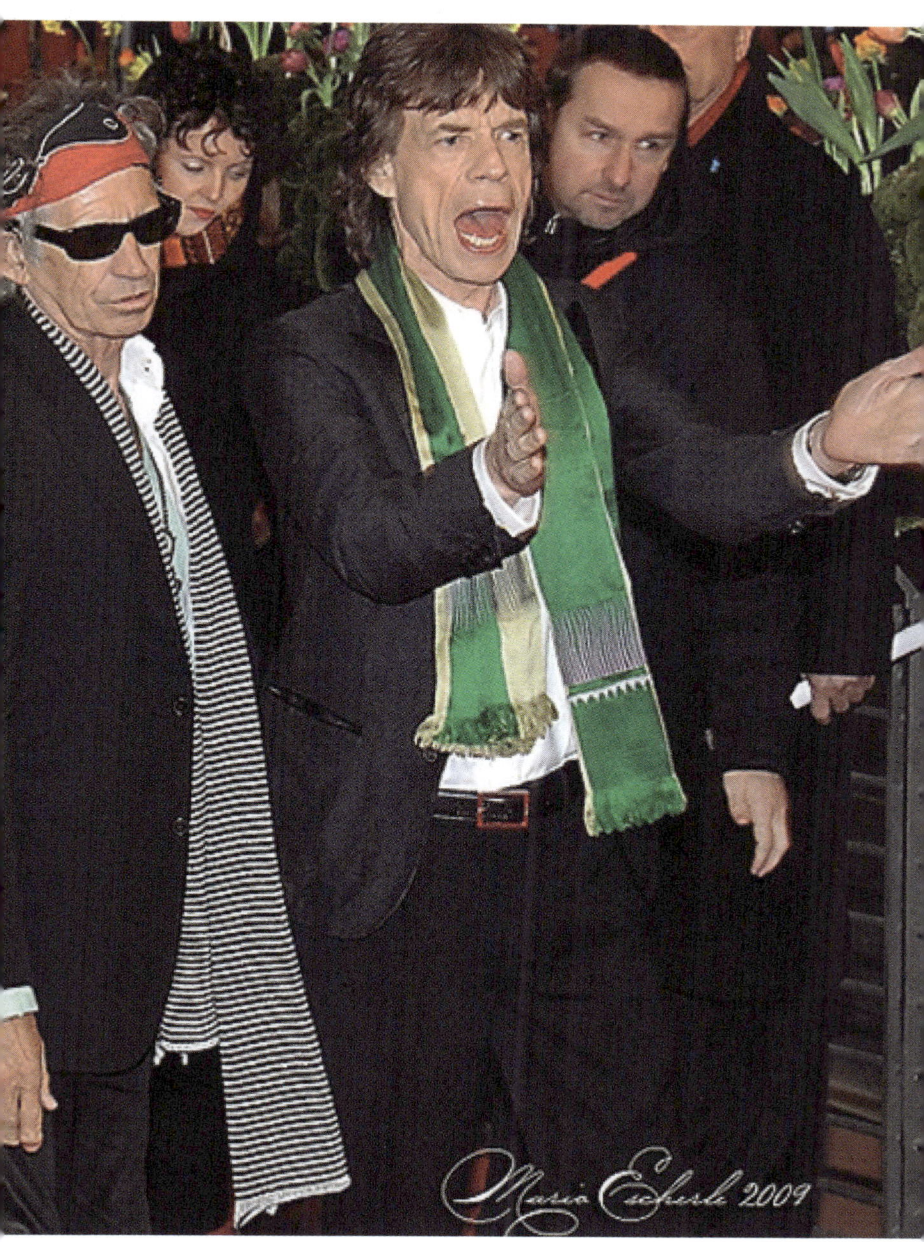

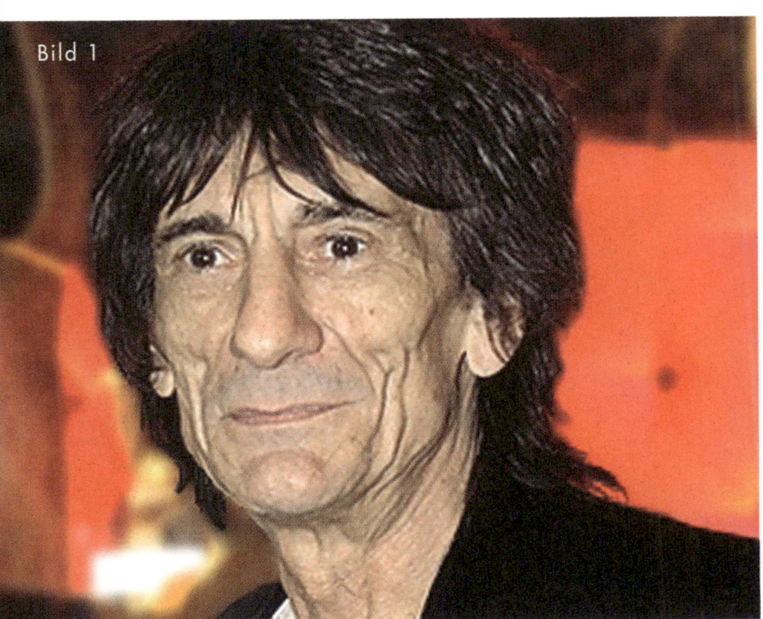


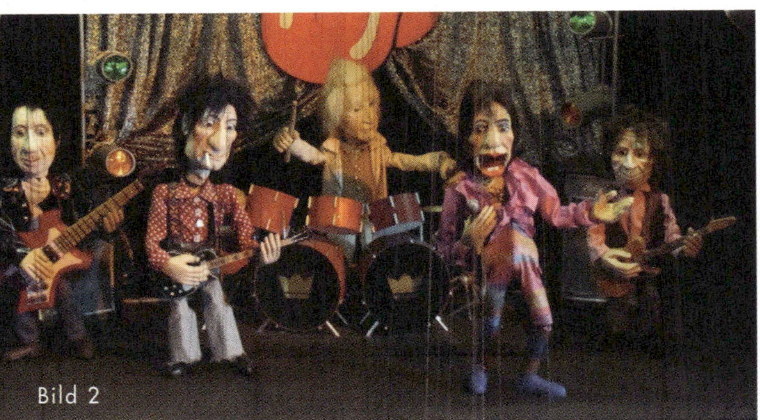


**Bild 1:** Nesthäkchen mit Falten: Ron Wood ist der Jüngste der Gruppe

**Bild 2:** Stars an Fäden: die Rolling Stones in der Augsburger Puppenkiste

**Bild 3:** Gestern und heute: Konzert im Prudential Center in Newark, New Jersey, anlässlich des 50-jährigen Bühnenjubiläums. Das Kulissenbild zeigt die Stones in den Sechzigern

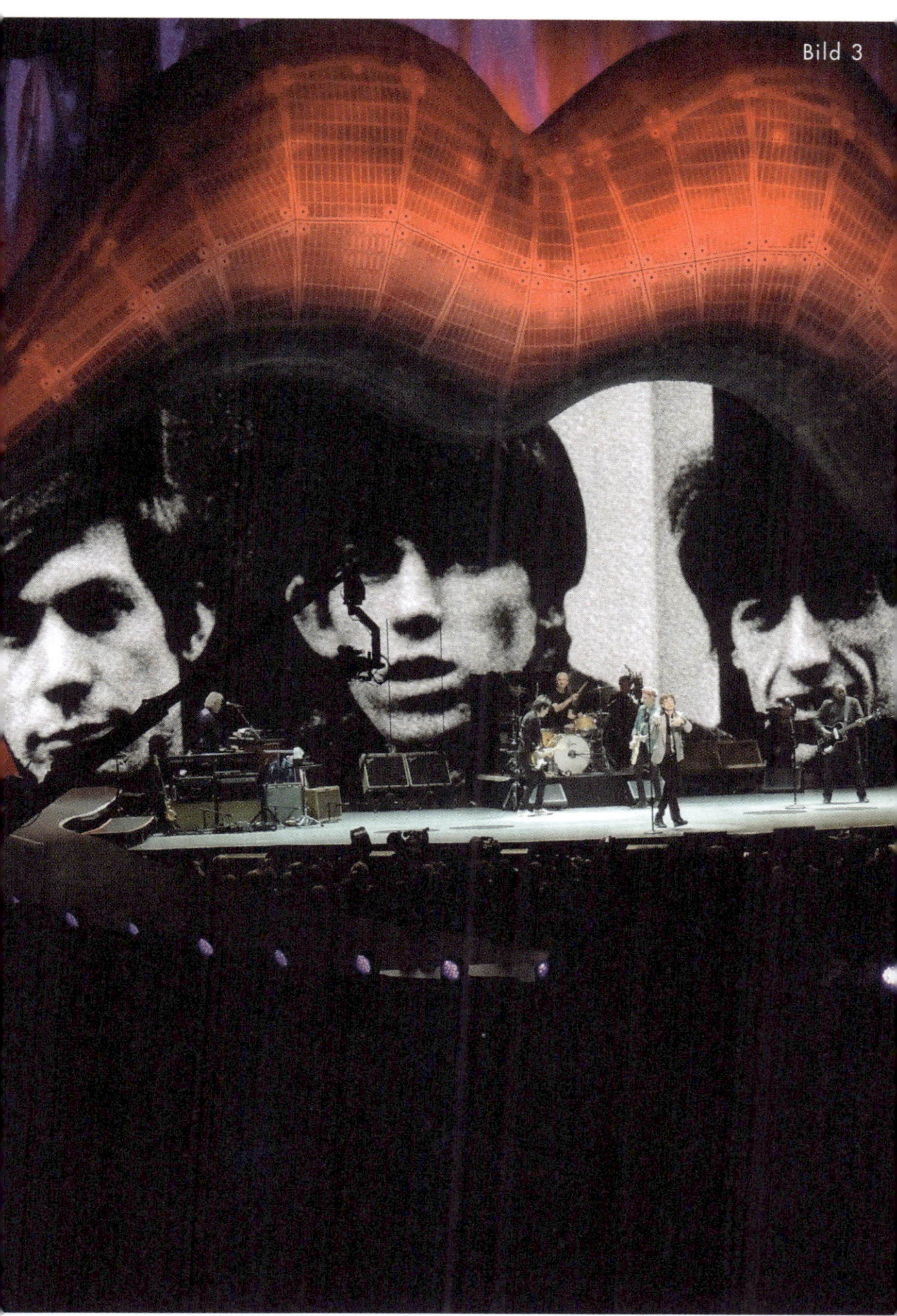
Bild 3

Womit sorgt Bill Wyman 1983 für Aufsehen in der Öffentlichkeit?

**A** Er stürzt bei einem privaten Hubschrauberflug ab und wird schwer verletzt
**B** Er pinkelt in sturzbetrunkenem Zustand von einer Konzertbühne herab
**C** Er beginnt eine Affäre mit einer 13-Jährigen

97. 1985 singen Mick Jagger und David Bowie im Duett einen alten Song von Martha And The Vandellas aus den Sechzigern. Wie lautet der Titel?

**A** (Love Is Like A) Heat Wave
**B** Dancing In The Street
**C** Honey Chile

98. Noch zu Zeiten als Rolling Stone formiert Bill Wyman 1985 seine erste eigene Gruppe: Willie And The Poor Boys. Welcher Stone spielt noch mit?

**A** Charlie Watts
**B** Keith Richards
**C** Ron Wood

99. In welchem Jahr geben die Rolling Stones bekannt, dass sie künftig auf Bill Wyman verzichten müssen?

**A** 1989
**B** 1991
**C** 1993

**100.** Wer spielt bei den Rolling Stones nach dem Weggang von Bill Wyman Bass, ohne festes Bandmitglied zu sein?

**A** Darryl Jones
**B** Nathan East
**C** Leland Sklar

**101.** In den 80er-Jahren versucht Mick Jagger eine Solokarriere zu starten. Wie heißt sein Debüt-Album von 1985?

**A** Wandering Spirit
**B** She's The Boss
**C** Primitive Cool

**102.** Keith Richards reagiert auf Mick Jaggers Solo-Ambitionen, indem er eine eigene Band gründet. Zwischen 1988 und 1992 veröffentlicht sie zwei Studioalben und ein Livealbum. Wie heißt die Gruppe?

**A** X-Pensive Winos
**B** Hootie And The Blowfish
**C** The Red Devils

**103.** Welchen Spitznamen, den Keith Richards ihm in den Achtzigern verpasst, findet Mick Jagger ganz und gar nicht lustig?

**A** Brenda
**B** The Young King
**C** Controller

**104.** Welches ist das erste digital aufgenommene und abgemischte Album der Rolling Stones?

**A** Dirty Work
**B** Steel Wheels
**C** Voodoo Lounge

**105.** Wie viele Musiker spielen auf dem Album Bridges to Babylon die vierseitige Bassgitarre?

A 2
B 6
C 8

**106.** Wer spielt in dem Video zu Anybody Seen My Baby aus dem Jahr 1997 eine Stripperin, die ihre Performance abbricht und ziellos durch New York wandert?

A Angelina Jolie
B Charlize Theron
C Kate Winslet

**107.** Bill Wyman ist der Erste aus der Band, der eine Autobiographie herausbringt. Wie heißt sie?

A Bass part
B It's Only Rock 'n' Roll
C Stone Alone

**108.** Was ist Mick Jagger seit dem 12. Dezember 2003?

A Edelmann
B Ritter
C Kavalier

**109.** 2004 muss sich Schlagzeuger Charlie Watts ärztlich behandeln lassen. Worunter leidet er?

A Kehlkopfkrebs
B Blutgerinnsel im Gehirn
C Heroinabhängigkeit

**110.** In welchem Jahr werden die Rolling Stones in die Rock And Roll Hall Of Fame aufgenommen?

**A** 1974
**B** 1989
**C** 2005

**111.** Die Stones-Welttournee A Bigger Bang bricht alle Einnahmerekorde und wird später nur von U2 überboten. Wie viele US-Dollar nimmt die Band mit ihren 144 Shows zwischen August 2005 und August 2007 ein?

**A** 235 Millionen
**B** 362 Millionen
**C** 558 Millionen

**112.** Am 5. Februar 2006 gestalten die Rolling Stones die traditionelle Halbzeitshow des Super Bowl XL. Um welchen Sport geht es bei der Veranstaltung?

**A** Baseball
**B** Eishockey
**C** Football

**113.** Ihr größtes Rockkonzert spielen die Rolling Stones am 18. Februar 2006 vor geschätzten 1,5 Millionen Menschen. Wo findet das Konzert statt?

**A** Rio de Janeiro
**B** Moskau
**C** Tokio

**114.** Im April 2006 holen die Rolling Stones ihren allerersten Auftritt in China nach, der 2003 dem Ausbruch der Lungenkrankheit SARS zum Opfer gefallen ist. Fünf Songs aus ihrem Repertoire darf die Band auf Anweisung der Behörden in Shanghai wegen zweideutiger Texte nicht spielen. Welcher zählt dazu?

**A** Out Of Control
**B** Too Much Blood
**C** Rough Justice

**115.** 2008 hat der Konzertfilm Shine A Light Premiere. Welcher Regisseur porträtiert die Rolling Stones?

**A** Martin Scorsese
**B** Wim Wenders
**C** David Lynch

**116.** In welcher englischen Stadt haben die Rolling Stones 44 Jahre lang Auftrittsverbot, nachdem ein Konzert am 24. Juli 1964 im Krawall endet?

**A** Newcastle
**B** Blackpool
**C** Southampton

**117.** 2010 veröffentlicht Keith Richards seine Memoiren. Wie lautet der Titel?

**A** Keef
**B** Life
**C** The Human Riff

**118.** Am 25. März 2016 geben die Rolling Stones ein Konzert in einem Land, in dem sie aufgrund der politischen Gegebenheiten in ihrer langen Bandgeschichte noch nie gewesen sind. Nämlich wo?

- **A** **Nordkorea**
- **B** **Singapur**
- **C** **Kuba**

**119.** Welchen Gastmusiker begrüßen die Rolling Stones bei den Aufnahmen zu ihrem Album Blue & Lonesome?

- **A** **Peter Green**
- **B** **Eric Clapton**
- **C** **Pete Townshend**

**120.** Die Rolling Stones nehmen ihr Album Blue And Lonesome in den British Grove Studios auf. Welchem bekannten Musiker gehören die Tonstudios?

- **A** **Mark Knopfler**
- **B** **Sting**
- **C** **Phil Collins**

**121.** Zwischen der Veröffentlichung welcher beiden Stones-Studioalben vergeht am meisten Zeit?

- **A** **Steel Wheels und Voodoo Lounge**
- **B** **Bridges To Babylon und A Bigger Bang**
- **C** **A Bigger Bang und Blue And Lonesome**

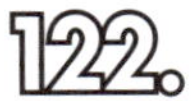

**122.** Welcher Musiker begleitet die Rolling Stones 45 Jahre lang bei Aufnahmesessions und Tourneen am Saxophon?

- **A** **Bobby Keys**
- **B** **Karl Denson**
- **C** **John Helliwell**

**123.** Die Rolling Stones haben heutzutage offiziell vier Bandmitglieder. Wie viele von ihnen sind seit der allerersten Minute dabei?

- **A** **1**
- **B** **2**
- **C** **3**

**124.** Unter welchem Pseudonym arbeiten Mick Jagger und Keith Richards als Produzenten?

- **A** **The Fool**
- **B** **The First Class**
- **C** **The Glimmer Twins**

**125.** Auf welchem Album werden The Glimmer Twins erstmals erwähnt?

- **A** **Exile On Main Street**
- **B** **It's Only Rock 'n' Roll**
- **C** **Emotional Rescue**

**126.** Mick Jagger hat acht Kinder. Mit wie vielen Frauen?

- **A** **3**
- **B** **5**
- **C** **7**

**127.** Wie heißt die Frau, die zunächst mit Brian Jones liiert ist, dann zu Keith Richards wechselt und schließlich noch eine Affäre mit Mick Jagger hat?

- **A** **Pamela Des Barres**
- **B** **Bebe Buell**
- **C** **Anita Pallenberg**

**128.** Welche prominente Deutsche hat sowohl mit Mick Jagger als auch mit Keith Richards eine Affäre?

**A** Christine Kaufmann
**B** Veruschka von Lehndorff
**C** Uschi Obermaier

**129.** Welcher Stone hat einen vier Jahre jüngeren Bruder Chris, der ebenfalls Rockmusiker ist?

**A** Ron Wood
**B** Mick Jagger
**C** Charlie Watts

**130.** Im vorgerückten Alter geht auch Keith Richards unter die Schauspieler. In welcher Kinofilmreihe spielt er den Vater des Helden?

**A** Piraten der Karibik
**B** Harry Potter
**C** Indiana Jones

**131.** Welchem Hobby gehen Charlie Watts und Ehefrau Shirley nach?

**A** Pferde züchten
**B** Impressionistische Gemälde sammeln
**C** Segeln

**132.** Charlie Watts spielt ein Schlagzeug der Marke …

**A** Ludwig
**B** Sonor
**C** Gretsch

**133.** Welches ist das erste Lied der Rolling Stones, das in der Werbung verwendet wird?

**A** Sympathy For The Devil
**B** Brown Sugar
**C** Start Me Up

**134.** Welches Unternehmen nutzt den Song zu Werbezwecken?

- **A** **Unilever**
- **B** **Microsoft**
- **C** **Boeing**

**135.** Wie heißt das längste auf einem Studioalbum veröffentlichte Lied der Rolling Stones?

- **A** **Goin' Home**
- **B** **You Can't Always Get What You Want**
- **C** **Sing This All Together (See What Happens)**

**136.** Auf welcher Langspielplatte ist das Lied zu finden?

- **A** **Out Of Our Heads**
- **B** **Aftermath**
- **C** **Between The Buttons**

**137.** Und welches ist das kürzeste Lied auf einem Studioalbum (ohne sogenannte Hidden Tracks, also verborgene Stücke, die auf dem Schallplattenetikett nicht aufgeführt werden)?

- **A** **Not Fade Away**
- **B** **Grown Up Wrong**
- **C** **She Said „Yeah"**

**138.** Auf welchen Studioalben ist das Lied zu finden?

- **A** **The Rolling Stones (England) und The Rolling Stones (England's Newest Hit Makers) (USA)**
- **B** **Out Of Our Heads (England) und December's Children (And Everybody's) (USA)**
- **C** **The Rolling Stones No. 2 (England) und The Rolling Stones, Now! (USA)**

**139.** Wie viele Nummer-eins-Singles haben die Rolling Stones in ihrer Karriere in der englischen Hitparade?

- **A** **8**
- **B** **11**
- **C** **14**

**140.** Wo ist das Wirtschaftsunternehmen Rolling Stones ansässig?

- **A** **England**
- **B** **Niederlande**
- **C** **Cayman Islands**

**141.** Wie viel Prozent Steuern zahlen die Rolling Stones dort auf ihre Einkünfte?

- **A** **1,5 Prozent**
- **B** **20 Prozent**
- **C** **47 Prozent**

**142.** Wie heißt der langjährige Finanzberater der Rolling Stones?

**A** **Rupert Ludwig Ferdinand zu Loewenstein-Wertheim-Freudenberg**
**B** **Sigmund Hubertus Conrad zu Lichtenberg-Recheysen-Kronegg**
**C** **Albrecht Heinrich Leopold zu Teufenstein-Schwartzbüren-Cappenbach**

**143.** Wo muss man in Deutschland hinfahren, wenn man das Stones-Fan-Museum besichtigen will?

**A** **Montabaur**
**B** **Lüchow**
**C** **Bad Mergentheim**

**144.** Nach welchem Lied der Rolling Stones ist eine amerikanische Restaurantkette benannt?

**A** **Happy**
**B** **Sympathy For The Devil**
**C** **Ruby Tuesday**

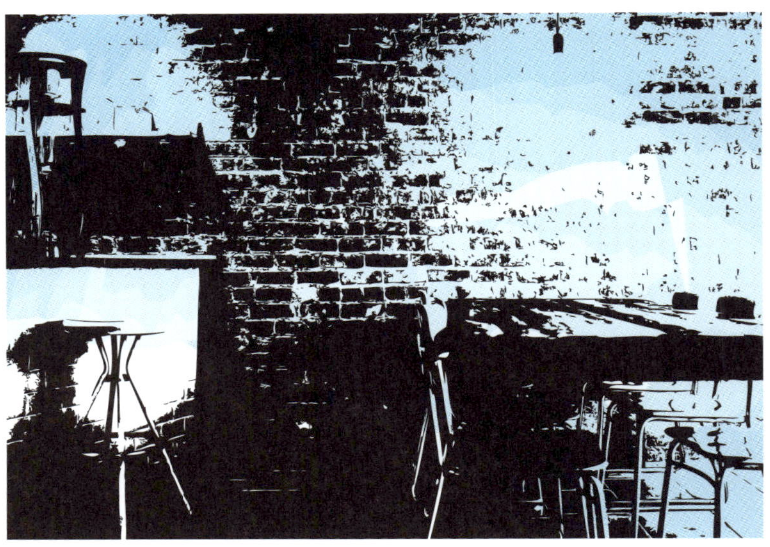

**145.** Auf der Hülle welcher Beatles-Langspielplatte kann man die Worte lesen: „Welcome The Rolling Stones“?

**A** Revolver
**B** Sgt. Pepper's Lonely Hearts Club Band
**C** Let It Be

**146.** Auf welchem Rolling-Stones-Cover wiederum sind die vier Köpfe der Beatles abgebildet?

**A** Their Satanic Majesties Request
**B** Beggars Banquet
**C** Exile On Main Street

**147.** 2003 veröffentlicht die amerikanische Musikzeitschrift Rolling Stone eine Liste „Die 500 besten Alben aller Zeiten“. Die Rolling sind zehn Mal vertreten – am höchsten auf Platz 7. Mit welcher Langspielplatte?

**A** Let It Bleed
**B** Sticky Fingers
**C** Exile On Main Street

**148.** Folgt man der Liste „Die 100 größten Songs der Rolling Stones“ des Musikmagazins Rolling Stone, dann ist das beste Lied der Gruppe …

**A** Angie
**B** You Can't Always Get What You Want
**C** Gimme Shelter

**149.** Die Konkurrenz vom Musikmagazin Mojo veröffentlicht im August 2000 eine Rangliste „Die 100 größten Songs aller Zeiten". Welches Lied der Rolling Stones finden wir da auf Platz 2?

- **A** **Sympathy For The Devil**
- **B** **Jumpin' Jack Flash**
- **C** **(I Can't Get No) Satisfaction**

**150.** Eine Rolling-Stones-Ausstellung mit über 500 Exponaten aus der Geschichte der Band wird seit November 2016 unter welchem Titel gezeigt?

- **A** **Still Alive**
- **B** **Exhibitionism**
- **C** **Crossing The Bar**

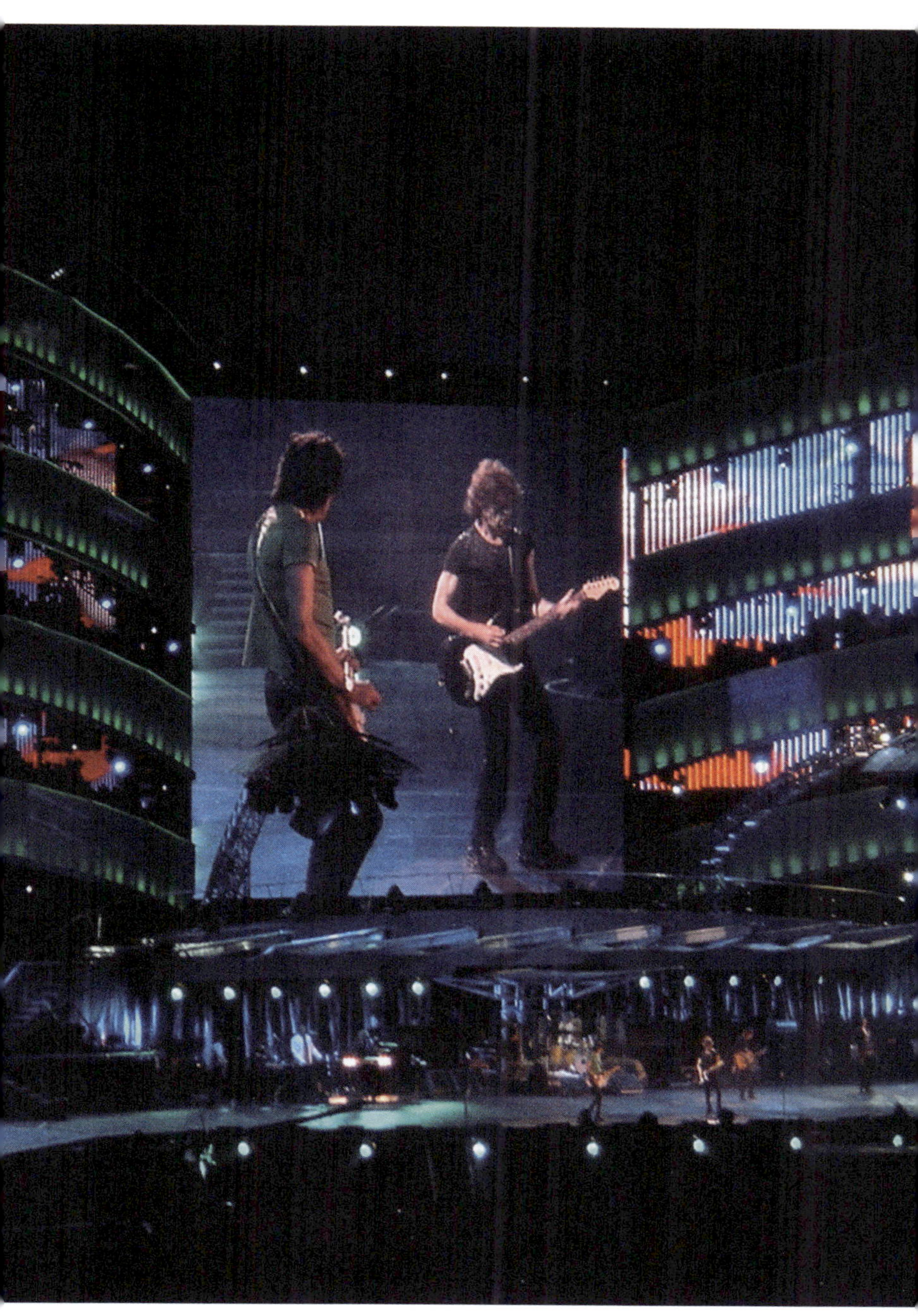

Bild 1: Rock im Großformat: Konzert im Londoner Twickenham Stadium

# Antworten

| | | |
|---|---|---|
| 1. | A | Little Boy Blue And The Blue Boys |
| 2. | B | Muddy Waters |
| 3. | B | Bahnhof ihrer Geburtsstadt Dartford |
| 4. | C | Edith Grove 102 |
| 5. | B | 12. Juli 1962 |
| 6. | C | Ealing Jazz Club |
| 7. | B | The Rollin' Stones |
| 8. | A | Pretty Things |
| 9. | B | Michael Philip |
| 10. | A | Kassierer im Londoner Kaufhaus Selfridge & Co. |
| 11. | B | London School Of Economics |
| 12. | C | Bill Wyman |
| 13. | C | William George Perks Jr. |
| 14. | C | Keith Richards |
| 15. | A | Giorgio Gomelsky |
| 16. | B | Decca |
| 17. | A | London Records |
| 18. | C | Come on |
| 19. | C | I Wanna Be Your Man |
| 20. | B | 12 |
| 21. | A | Tell Me (You're Coming Back) |
| 22. | B | Arthur Alexander |
| 23. | B | Pseudonym, hinter dem die ganze Band steckt |
| 24. | B | 1965 |
| 25. | C | Münster |

| | | |
|---|---|---|
| 26. | B | Nach ihrem dritten Auftritt in der Show Thank Your Lucky Stars am 14. April 1963 |
| 27. | C | Crawdaddy Club |
| 28. | B | As Tears Go By |
| 29. | B | As Time Goes By |
| 30. | A | Keith Richards bekommt einen Stromschlag und bricht bewusstlos zusammen |
| 31. | C | 19. |
| 32. | B | Appalachian Dulcimer |
| 33. | B | Paint It, Black |
| 34. | A | Redlands |
| 35. | C | Let's Spend The Night Together |
| 36. | A | Her Majesty's Prison Brixton |
| 37. | B | Her Majesty's Prison Wormwood Scrubs |
| 38. | A | Gefängnistür |
| 39. | B | Marianne Faithfull |
| 40. | C | Their Satanic Majesties Request |
| 41. | B | In Another Land |
| 42. | C | Das Cover ist in 3D |
| 43. | C | Sergeant Pepper's Lonely Hearts Club Band von den Beatles |
| 44. | A | The Stones Are Rolling |
| 45. | B | We Love You |
| 46. | B | All You Need Is Love |
| 47. | A | As Tears Go By |
| 48. | C | Keith Richards und Brian Jones |
| 49. | C | Keith Richards und John Lennon |
| 50. | B | The Dirty Mac |

# Antworten

| | | |
|---|---|---|
| 51. | A | Yer Blues von den Beatles |
| 52. | B | John Mayall & The Bluesbreakers |
| 53. | B | Let It Bleed |
| 54. | B | Let It Bleed |
| 55. | C | Er ertrinkt in seinem Swimmingpool |
| 56. | A | London, Hyde Park |
| 57. | B | Gimmie Shelter |
| 58. | C | Merry Clayton |
| 59. | B | Ein Zuschauer wird von den Hell's Angels erstochen |
| 60. | A | Under My Thumb |
| 61. | C | 65.000 |
| 62. | A | Smoke On The Water von Deep Purple |
| 63. | A | National Music Centre, Calgary/Kanada |
| 64. | C | Gram Parsons |
| 65. | B | Stargroves |
| 66. | C | You Know My Name (Look Up the Number) |
| 67. | B | Cocksucker Blues |
| 68. | C | Sticky Fingers |
| 69. | A | John Pasche |
| 70. | B | Performance |
| 71. | B | Andy Warhol |
| 72. | B | 15.000 |
| 73. | B | Frankreich |
| 74. | A | Villefranche-sur-Mer |
| 75. | C | Villa Nellcôte |
| 76. | B | 93 Prozent |
| 77. | B | Tumbling Dice |
| 78. | B | Linda Ronstadt |
| 79. | B | Angela Davis |

| | | |
|---|---|---|
| 80. | C | Jamaika |
| 81. | C | Starfucker |
| 82. | A | You Got The Silver |
| 83. | A | Exile On Main Street |
| 84. | C | München, Musicland Studios |
| 85. | C | Guy Peellaert |
| 86. | B | Sister Morphine |
| 87. | A | Berlin, Deutschlandhalle |
| 88. | A | Roy Buchanan |
| 89. | B | Tour Of The Americas, 1975 |
| 90. | C | Toronto |
| 91. | B | Das -s an seinem Nachnamen |
| 92. | C | Bette Midler |
| 93. | B | Bill German |
| 94. | A | Sticky Fingers |
| 95. | B | Peter Maffay |
| 96. | C | Er beginnt eine Affäre mit einer 13-Jährigen |
| 97. | B | Dancing In The Street |
| 98. | A | Charlie Watts |
| 99. | C | 1993 |
| 100. | A | Darryl Jones |
| 101. | B | She's The Boss |
| 102. | A | X-Pensive Winos |
| 103. | A | Brenda |
| 104. | B | Steel Wheels |
| 105. | C | 8 |
| 106. | A | Angelina Jolie |
| 107. | C | Stone Alone |
| 108. | B | Ritter |
| 109. | A | Kehlkopfkrebs |

# Antworten

| | | |
|---|---|---|
| 110. | B | 1989 |
| 111. | C | 558 Millionen |
| 112. | C | Football |
| 113. | A | Rio de Janeiro |
| 114. | C | Rough Justice |
| 115. | A | Martin Scorsese |
| 116. | B | Blackpool |
| 117. | B | Life |
| 118. | C | Kuba |
| 119. | B | Eric Clapton |
| 120. | A | Mark Knopfler |
| 121. | A | Bigger Bang und Blue And Lonesome |
| 122. | A | Bobby Keys |
| 123. | B | 2 |
| 124. | C | The Glimmer Twins |
| 125. | B | It's Only Rock 'n' Roll |
| 126. | B | 5 |
| 127. | C | Anita Pallenberg |
| 128. | C | Uschi Obermaier |
| 129. | B | Mick Jagger |
| 130. | A | Piraten der Karibik |
| 131. | A | Pferde züchten |
| 132. | C | Gretsch |
| 133. | C | Start Me Up |
| 134. | B | Microsoft |
| 135. | A | Goin' Home |
| 136. | B | Aftermath |
| 137. | C | She Said „Yeah" |
| 138. | B | Out Of Our Heads (England) und December's Children (And Everybody's) (USA) |

| | | |
|---|---|---|
| 139. | A | 8 |
| 140. | B | Niederlande |
| 141. | A | 1,5 Prozent |
| 142. | A | Rupert Ludwig Ferdinand zu Loewenstein-Wertheim-Freudenberg |
| 143. | B | Lüchow |
| 144. | C | Ruby Tuesday |
| 145. | B | Sgt. Pepper's Lonely Hearts Club Band |
| 146. | A | Their Satanic Majesties Request |
| 147. | C | Exile On Main Street |
| 148. | C | Gimme Shelter |
| 149. | C | (I Can't Get No) Satisfaction |
| 150. | B | Exhibitionism |

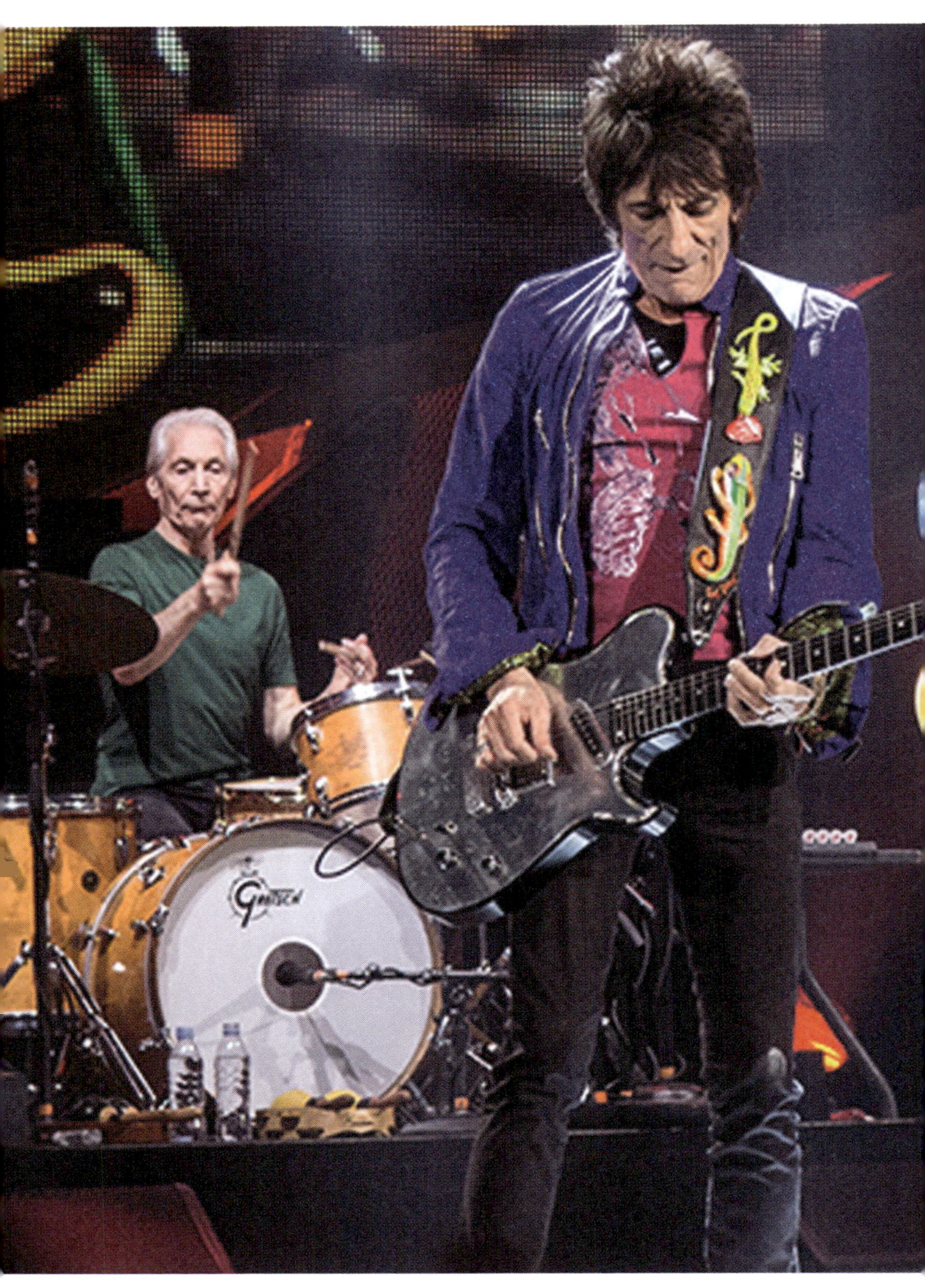


Bild 1: Auch im achten Lebensjahrzehnt unermüdlich unterwegs: Auftritt im Marcus Amphitheater in Milwaukee, Wisconsin

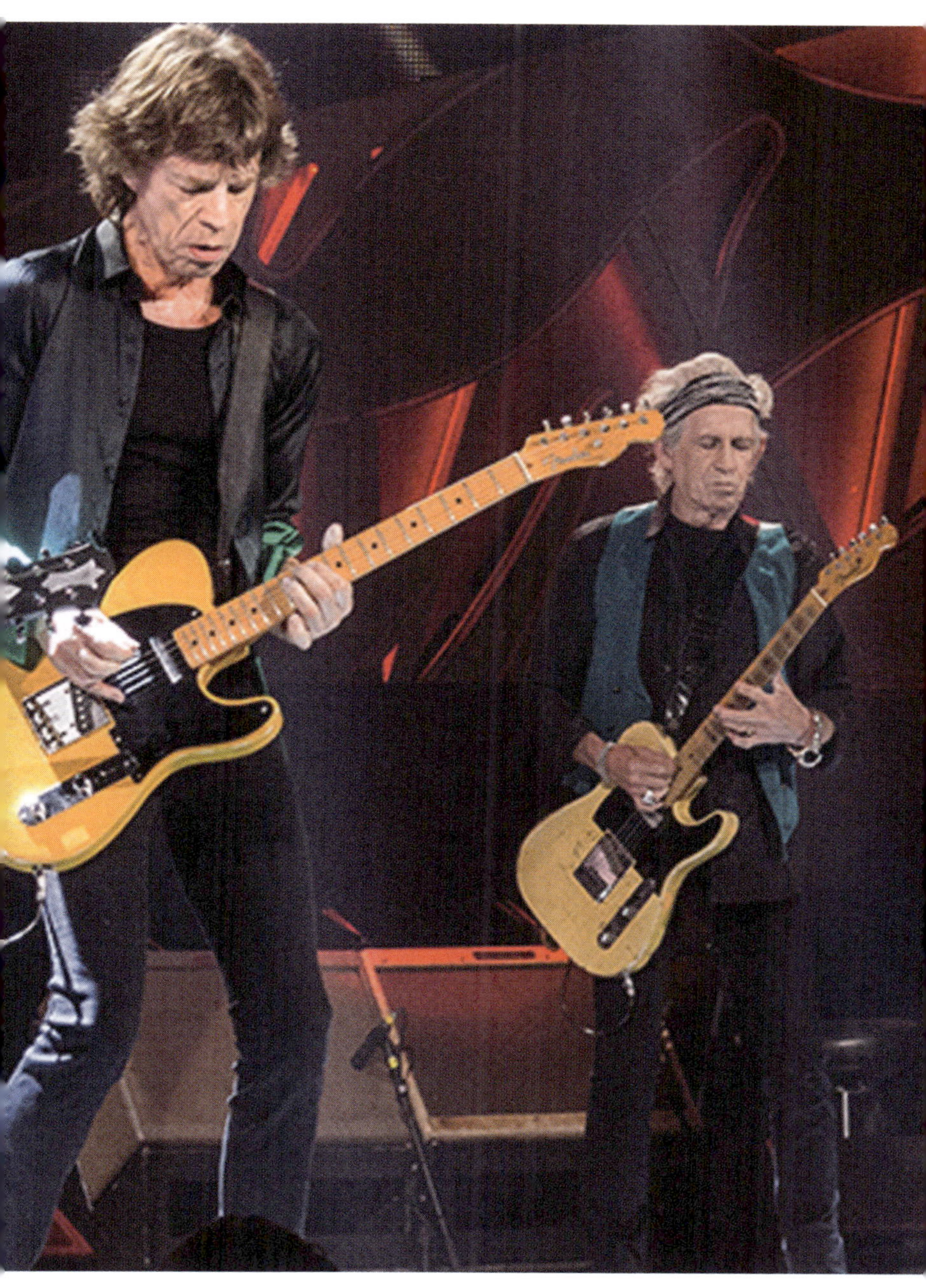

# Bildnachweise

S. 9: Peter Woeckel; S. 12/13: Gorupdebesanez - Own work, wikipedia.org, cc-by-sa-3.0; S. 36: Richey1977, wikipedia.org, cc-by-sa-4.0; Hugo van Gelderen (ANEFO), wikipedia.org, cc-by-sa-3.0 NL; S. 36/37: Jac. de Nijs (ANEFO), wikipedia.org, cc-by-sa-3.0; S. 38/39: Ben Merk (ANEFO), wikipedia.org, cc-by-sa-3.0; S. 39: Kevin Delaney, wikipedia.org, cc-by-sa-2.0; S. 39: ingen uppgift, wikipedia.org, gemeinfrei; S. 40: V. K. Hietanen, wikipedia.org, gemeinfrei; S. 40/41: Jac. de Nijs (ANEFO), wikipedia.org, cc-by-sa-3.0; S. 42/43: Tony Morelli, wikipedia.org, cc-by-sa-2.0; S. 43: Bert Verhoeff (ANEFO), wikipedia.org, cc-by-sa-3.0; S. 44: Larry Rogers, wikipedia.org, cc-by-sa-2.0; S. 44/45: Larry Rogers, wikipedia.org, cc-by-sa-2.0; S. 46: Michael Conen, wikipedia.org, cc-by-sa-2.0; Jim Summaria, wikipedia.org, cc-by-sa-3.0; S. 46/47: Gorupdebesanez, wikipedia.org, cc-by-sa-3.0; S. 48: Gorupdebesanez, wikipedia.org, cc-by-sa-3.0; S. 48/49: Marcel Antonisse (ANEFO), wikipedia.org, gemeinfrei; shorty25, fotolia.com; S. 52: Kelson, wikipedia.org, cc-by-sa-4.0; S. 50/51: Machocarioca, wikipedia.org, gemeinfrei; S. 51: Rupp Aren, Michael Conen, wikipedia.org, cc-by-sa-2.0; S. 52: DieBand at German, wikipedia.org, gemeinfrei; S. 52/53: Kiwi (talk), wikipedia.org, cc-by-sa-3.0; Americasroof, wikipedia.org, cc-by-sa-3.0; S. 54/55: Mario Escherle, wikipedia.org, cc-by-sa-2.0; S.56: Eva Rinaldi, wikipedia.org, cc-by-sa-2.0; photovicky, pixabay.com; S. 56/57: SolarScott, wikipedia.org, cc-by-sa-2.0; S. 71: Egghead06, wikipedia.org, gemeinfrei; S. 78/79: Jim Pietryga, wikipedia.org, cc-by-sa-4.0 (hierbei handelt es sich auch um das Coverbild)

# Weitere Quizbücher aus dem Scribo Verlag

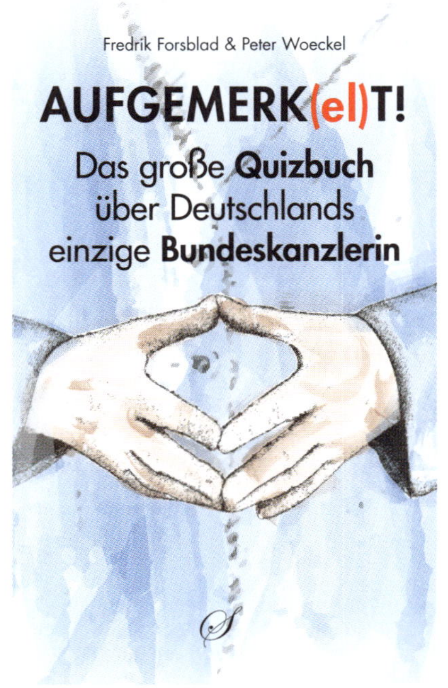


Fredrik Forsblad/Peter Woeckel
AUFGEMERK(el)T!
Das große Quizbuch über Deutschlands
einzige Bundeskanzlerin
9,80 Euro
ISBN 978-3-937310-80-0

# Weitere Quizbücher aus dem Scribo Verlag

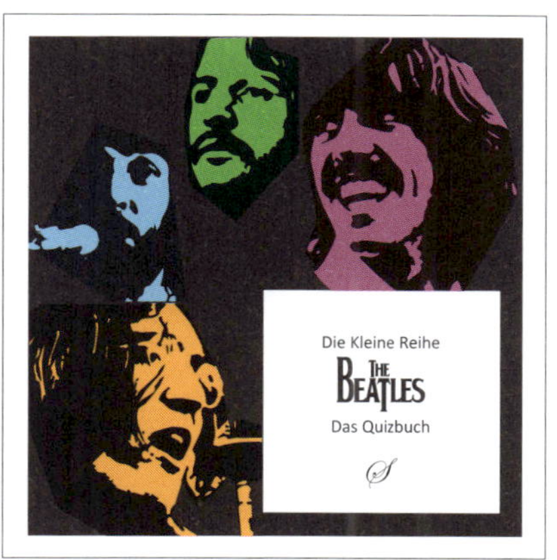


Fredrik Forsblad/Peter Woeckel
The Beatles
Das Quizbuch
5 Euro
ISBN 978-3-937310-84-8

# Weitere Quizbücher aus dem Scribo Verlag

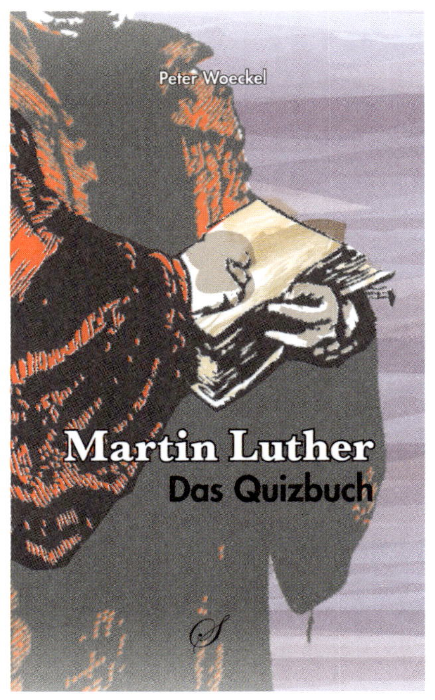


Peter Woeckel

Martin Luther

Das Quizbuch

8 Euro

ISBN 978-3-937310-91-6

# Der Autor

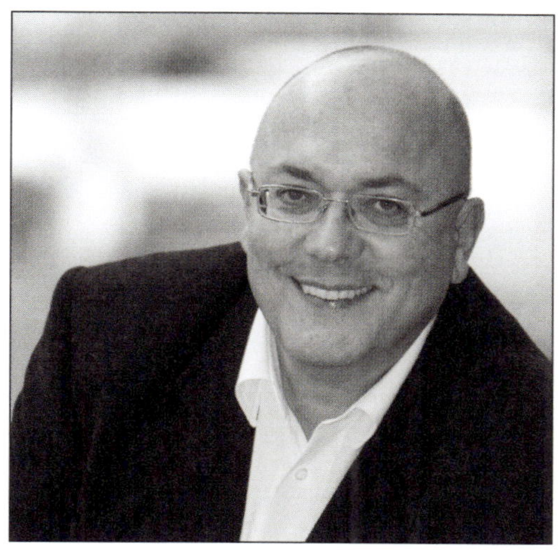

Peter Woeckel ist am 14. Januar 1956 in Kassel geboren.

Studium der Romanistik, Slawistik sowie Publizistik- und Kommunikationswissenschaften an der Universität Göttingen. Verheiratet, zwei Söhne.

Peter Woeckel lebt und arbeitet als Journalist, Sachbuchautor und Schriftsteller in München.